从管理会计到财务报表

管理者不可不知的财务知识

彭 亮◎著

中国铁道出版社有限公司

CHINA RAILWAY PUBLISHING HOUSE CO., LTD.

图书在版编目（CIP）数据

从管理会计到财务报表：管理者不可不知的财务知识/彭亮
著. —北京：中国铁道出版社有限公司，2022.10
ISBN 978-7-113-29214-0

Ⅰ.①从… Ⅱ.①彭… Ⅲ.①中小企业-企业管理-管理会计
②中小企业-会计报表-会计分析 Ⅳ.①F276.3

中国版本图书馆 CIP 数据核字（2022）第 095717 号

书　　名：	从管理会计到财务报表：管理者不可不知的财务知识
	CONG GUANLI KUAIJI DAO CAIWU BAOBIAO：GUANLIZHE BUKEBUZHI DE CAIWU ZHISHI
作　　者：	彭　亮

责任编辑：陈　胚	**编辑部电话**：（010）51873459	
封面设计：仙　境		
责任校对：焦桂荣		
责任印制：赵星辰		

出版发行：中国铁道出版社有限公司（100054，北京市西城区右安门西街 8 号）
网　　址：http://www.tdpress.com
印　　刷：三河市宏盛印务有限公司
版　　次：2022 年 10 月第 1 版　2022 年 10 月第 1 次印刷
开　　本：710 mm×1 000 mm　1/16　**印张**：17　**字数**：231 千
书　　号：ISBN 978-7-113-29214-0
定　　价：69.00 元

前　言

　　由于工作的原因，朋友和同事经常向我咨询财务、会计方面的问题。在这个过程中，我观察到一个现象：咨询者通常是非财务部门的管理者。基于实务需要，他们有学习财务知识的迫切愿望，但他们并不想了解太多烦琐的技术细节。给他们详细解释会计分录应该如何"借"，如何"贷"是没有意义的。他们更希望理解基本概念，明确应用场景。他们的关注点在于这些财务知识如何在管理实践中应用。

　　因此，我选择了贴近企业管理实务的两个主题——管理会计和财务报表来创作本书。站在管理者的角度，以实务应用为目的讲解相关概念和方法，为各级管理者提供一本可以指导管理实践的财务知识参考书。

　　本书以一个中小企业投资者同时也是企业经营管理者徐总的投资、经营、管理过程为线索，讲解在这一过程中遇到的问题以及用到的管理会计和财务报表的相关知识。全书共分为上下两篇。

　　1. 上篇：管理会计

　　上篇包括第一章至第五章，讲解管理会计的相关内容。在本篇中，徐总投资、经营一家酒类销售公司。他既是唯一的股东，又是负责经营管理企业的总经理，即企业所有权和经营权没有分离。他除了申报纳税，没有其他的对外报告需求。因此，他需要的是对内报告的管理会计而不是对外报告的财务会计。虽然他可以把做账、报税等财务会计事务，外包给代理记账公司，但是，他需要会计人员从经营管理的角度为他提供会计信息，以支持他做出管理计划、管理决策以及实施管理控制等。于是他找到高中同学老彭。

老彭是注册会计师、高级会计师，有很丰富的实践经验。徐总请老彭为他讲解管理会计的相关概念与方法，提供管理会计咨询意见。于是老彭为他讲解了与管理计划相关的本量利分析（第一章）和全面预算（第二章），与管理决策相关的短期经营决策（第三章）和长期资本预算（第四章），以及用于管理控制的业绩评价系统：责任中心（第五章）。

2. 下篇：财务报表

下篇包括第六章至第十章，主要讲解财务报表的相关内容。在本篇中，徐总参股了一家机械设备销售公司，持有 20% 的股份，他是公司治理层成员（副董事长），但不参与公司的经营管理。由于所有权与经营权分离，他需要通过阅读、分析财务报表了解公司的经营状况，评价公司管理层受托责任履行情况。他又找到老彭，请老彭为他讲解财务报表相关知识。

老彭为他讲解了财务会计基础（第六章），与财务报表相关的概念（第七章），财务报表确认与计量（第八章），以及财务报表分析（第九章）。

后来，有股东担心公司财务报表不能如实反映公司的财务状况和经营成果,决定对公司的财务报表进行审计。徐总又请老彭简要介绍了财务报表审计知识(第十章)。

本书特点:

1. 简单有趣

本书以对话的形式,用简单有趣的语言,结合案例和实务讲解管理会计和财务报表相关知识。行文注重运用比喻、举例等方式,即使读者完全没有财务、会计方面的基础,也能轻松阅读。

2. 精炼实用

本书篇幅简短,避免长篇大论;不求大而全,但愿少而精。本书所讲解的都是在实务中有广泛适用性的内容。读完本书即可掌握绝大部分在企业经营管理中需要管理者了解的财务、会计知识。

本书讲解注重实用,站在管理者应用的角度讲解管理会计和财务报表相关知识。既不是蜻蜓点水式的泛泛而谈,也不是事无巨细的铺陈技术细节,讲解重点在于引导管理者应用财务、会计知识解决经营管理中的实务问题。

本书主要读者对象为企业投资者、经营者、管理者;尤其适合企业股东、董事会成员、总经理、非财务部门管理者,以及各类基层管理人员阅读;也可以供企业财务人员参考;还可以供会计学学生了解管理会计和财务报表相关知识在实务当中如何应用。

徐铭铭先生为本书提供了编写管理会计案例的原始资料,在此特别致谢。同时,感谢岩间征人先生、郭华光先生,以及聂书俊女士在百忙之中抽出时间为本书撰写推荐语。

特别声明：

本书所有案例、数据，除千里马机械供应链股份有限公司财务报表以外，全部来自作者实际工作案例稍做修改，有很好的参考作用。

作者才疏学浅，书中难免有疏忽错漏，敬请读者批评指正。

彭 亮

2022 年 2 月于成都

目　录

第三章

短期经营决策：经营周期内的权衡取舍

第四章

资本预算：跨越多个经营期间的投资项目决策

第五章

责任中心：用于管理控制的业绩评价系统

下篇　财务报表

第六章

财务会计基础

第七章

财务报表相关概念

第八章

财务报表确认与计量

引子

徐总的公司应该招聘会计吗

徐总打算投资成立一家酒类销售公司,在 C 市某区域内,代理销售 M 酒厂的酒类产品。公司有两个销售门店,每个销售门店配备两名店面营业员;另外招聘两名销售兼送货员,负责店面零售之外的大客户团购渠道销售与送货。徐总自任公司总经理,并安排他的妻子担任公司的出纳。

　　由于亲属中没有懂会计知识的人,徐总打算招聘一名会计。但应该招聘一个什么样的会计呢?他有些为难。他以前在酒厂负责销售工作,虽然职场经验丰富,但是他对企业财务可以说是"十窍已经通了九窍,只剩一窍不通"。所以他不知道招个什么样的会计才好。

　　徐总想起了他的高中同学老彭。老彭在企业财务部门工作了将近二十年,注册会计师协会会员,高级会计师,是个十八般武艺样样精通的"老财"。

　　"嗯,对啊,我找老彭商量商量!"徐总心里想。

财务会计与管理会计的区别

徐总找到老彭,开门见山地问道:"老彭,我打算开个酒类销售公司,缺个会计,你有合适的人选没有,给我推荐一个?"

老彭很是惊讶:"你要招聘会计?招聘什么样的会计?招聘财务会计还是招聘管理会计?"

"什么财务会计、管理会计啊?会计还有这些区别?"徐总表示很疑惑。

老彭:"是啊,会计学'同源分流'为两个主要分支,即财务会计与管理会计。会计的本质是一个信息系统,不论财务会计还是管理会计都离不开这个本质。虽然都是信息系统,但是财务会计与管理会计的侧重点不同。"

"那具体来说有哪些不同呢?"徐总接着问。于是老彭向徐总做起了讲解。

1. 目标不同

首先,两者追求的目标不同。财务会计追求的目标是向财务报表的使用者提供关于企业的财务状况、经营业绩、现金流量等有用的财务信息,帮助现有和潜在的投资者、贷款人和其他债权人作出向企业提供资源的决策,以及评价企业管理者的受托责任履行情况。

而管理会计则是通过追求五个主要的目标为企业增加价值。它们分别是:为企业管理层的决策和计划提供有用信息;协助管理者指挥与控制生产经营活动;激励各级管理者朝着与企业战略目标一致的方向前进;计量企业内部的各项生产经营活动、各个子单位、员工的工作业绩；评价企业竞争地位，保持企业的长期竞争力。

财务会计的侧重点在于对外报告企业财务情况；而管理会计的侧重点在于对内提供生产经营管理决策的支持信息。所以财务会计被称为对外报告会计，而管理会计被称为对内报告会计。

徐总："如此说来，管理会计姓张，名昭，字子布；财务会计姓周，名瑜，字公瑾。"

老彭："什么意思？"

徐总："哈哈，正如《三国演义》中所述'内事不决问张昭，外事不决问周瑜'。"

"这个比喻不恰当，财务会计不是周瑜，他报告的仍然是内事，只是他站在外部投资者信息需求的角度来报告企业的内事。"老彭纠正道。

2. 职能不同

其次，与追求的目标相适应，职能也不同。

财务会计的主要职能是对外报告，向外部投资者、外部监管机构、其他外部利益相关方传达企业财务状况、经营成果、现金流量的会计信息；而不是对内辅助管理。

管理会计的主要职能是为企业内部的管理计划、管理决策、管理控制提供信息支持，而不是对外报告。其工作重点是针对经营管理中的各种问题，运用各种有效的管理会计方法进行分析研究，并向经营管理者提供预测、决策、规划、控制、考核和评价等方面的信息。

3. 提供信息的方式、方法不同

再次，从提供信息的方式、方法上来看，财务会计与管理会计也有较大差异。财务会计要严格遵循会计准则，通过确认、计量、报告等会计程序编制对外财务报表。提供的财务信息是标准化的、通用性的，并且强调可比性。

而管理会计借鉴、应用了很多管理学、经济学的概念与方法，通常不需要按照会计准则的要求编制会计分录，也不必编制对外财务报表，而是编制个性极强的、非标准的、也不通用的内部管理报告。

内部管理报告做不到像财务会计报表那样"标准化"。管理会计信息具有个性化或情景化特征，个性化和情景化是内部管理报告的灵魂所在。

徐总："看来，适合这个企业的管理会计方法，并不一定适合另外一个企业，对吧？"

老彭："是啊，财务会计有'放之四海而皆准'的真理——会计准则，以及可以依葫芦画瓢的操作模板——会计准则应用指南；而管理会计可没有一套可供按图索骥的路线图。

"总结来说，财务会计更像一门语言，单词、语法是相对固定的；而管理会计更像一种思维方式，虽然可以总结、提炼普遍规律，形成理论，但是具体应用则充满个性。没有办法完全照搬书本上的管理会计方法，也不能原封不动地抄袭其他企业的现成经验。"

"用体操动作来形容，财务会计是规定动作，管理会计是自选动作。"徐总接道。

"你这个比喻比较贴切。"老彭点头表示赞同。

徐总："你说的这些，与我平时对财务知识的理解完全不一样啊。我从前认为，财务部那些会计，就是做做账、编编表、报报税，完全想不到还有你说的这些管理计划、管理决策、管理控制方面的支持职能。我以为会计干的工作都差不多，没有想到还有这些门道。"

老彭："隔行如隔山，你的这个想法很正常。大多数人心目中的会计人员形象，主要是财务会计。虽然我国很早就引进了管理会计，但是长期以来，在企业应用层面，大部分企业会计人员真正参与管理过程为企业创造价值的还比较少。

而且，用财务会计的思维、方法去干管理会计的工作，在某些企业财务部门中还比较普遍。在制定预算、成本控制、业绩评价等方面，这种现象尤其突出，导致财务部门的管理会计职能完全不能满足企业生产经营的需求。"

没有对外报告需求，暂时不用招聘财务会计

接着，老彭继续问徐总："你打算开个多大的公司啊？"

徐总风趣地唱道："想当初，老子的队伍才开张，统共才有十几个人，七八条枪。"

老彭道："别唱啦，说正事。"

于是，徐总忙停下正色道："投资一两百万元，开两家销售门店，七八个人，我自己担任总经理，负责全面管理，我妻子闲着没事，我让她来帮忙担任出纳，自家人管钱放心些。"

老彭："你个人独资还是与他人合伙？"

徐总："我个人独资。"

"短期内会向银行等金融机构申请贷款不？"老彭问得很细致。

徐总："我没有抵押品，哪个金融机构瞧得上？我没有这个打算。"

沉思片刻后，老彭道："依我看，你现在没有必要招聘会计人员。公司才创立，能持续经营下去才是最重要的。没有必要搞'麻雀虽小，五脏俱全'。资源配置要尽量向直接产生收入的部门倾斜，能不设后勤部门尽量不要设，能不招后勤人员尽量不要招。一两百万元的小本经营，处处都要精打细算，能节约的成本尽量都节约吧。"

徐总为难道："我也不想浪费钱,能不招我当然不招,可是公司每个月都要申报纳税,这些工作谁来做?"

老彭："把这些业务外包给代理记账公司吧,一个月才几百块钱,如果招聘一个会计人员每月至少也要几千块钱的工资,还有缴纳社会保险等其他支出。"

徐总深表同意："嗯,现在人工成本很高,没有几千块钱根本招不到人。"

"如果招聘一个水平一般,单纯只是做做账、编编报表、报报税的财务会计,也没有必要。"老彭接着说道。

"你的意思是说,目前招聘一个单纯的财务会计,没有什么用处?"徐总表示不解。

老彭："是的,仅就目前而言,招聘一个单纯的财务会计没有什么大用处,还不如不招。公司就只有你一个投资者,除了商业信用产生的债权,没有其他债权人,更不存在银行贷款等长期债务融资。你又自任总经理,直接参与经营管理,根本不存在所有权与经营权分离导致的信息不对称问题。因此,也就不存在要通过编制财务报表向公司所有者和债权人传达公司的财务状况、经营成果、现金流量等财务信息的需求。除了申报纳税,公司完全没有编制对外财务报表的需求,你招一个只会编制对外财务报表的财务会计干什么呢?

"你的公司需要的是管理会计,而不是财务会计。但是我的这个建议只是针对目前的情况而言,短期之内可行。将来,你的公司规模大了,有对外负债融资,股东也不止你一个人,甚至打算上市融资时,财务会计就必不可少了。"

"那我就招聘一个既懂财务会计又懂管理会计的人。"徐总还想坚持。

"几千块钱一个月的工资,你上哪儿去招聘这种会计呢,就算来了,也留不住。"老彭继续说道。

没有财务基础的管理者也能掌握管理会计学知识

"没有个会计人员，公司日常经营管理的数据就没有人收集、整理、分析，这怎么办呢？"徐总为难道。

老彭："管理计划、决策、控制方面的信息支持功能，公司当然要有。但是，目前你的公司经营规模很小，业务线单一，管理层级也少，你自己就可以做这些事情啊。"

"你太高看我了。贴个票、填个表这些简单的事情，我还是可以应付的，但是管理会计毕竟是专业性工作，我可做不来。"徐总连连摆手。

"这方面的事情，我可以帮你。"

"你愿意来做兼职，那当然更好啊。"徐总很高兴。

"我不是来你的公司兼职，"老彭赶忙纠正。"我是说，我可以给你讲解一些管理会计理论和方法，同时我也可以结合你公司的实际情况，给你出点管理会计方面的咨询意见，具体的工作还是要你自己做。"

"也行，可是，我一点会计基础也没有啊，我能听懂你讲的吗？"徐总有点担心。

老彭："没有关系。目前，你公司的业务比较简单，不会涉及太复杂的财务、会计知识。我要给你讲解的都不是什么高深的学问，只要用心，就能听懂、学会。"

徐总："你这么一说，我就有点信心了。"

老彭接着向徐总说道:"大道至简,越是普遍的规律越简单易懂,也越是可以融会贯通。以我的工作经验来看,其实做管理会计工作,让你这种有多年业务部门工作经历的人来干,比整天坐在办公室只知道对着发票、账单编制会计分录的会计人员要强得多。

"实际上,管理会计学是实践性非常强的学问,不精通具体业务,光是纸上谈兵,在电脑前面当'表哥''表姐',是做不好的。举个例子来说,搞生产成本控制,最合适的人选不是财务部的成本会计,而是生产车间的车间主任。"

"为什么说车间主任更合适?"徐总问道。

老彭:"搞生产成本控制,必须长期深入生产一线,紧跟生产一线,生产现场的一举一动都要清清楚楚、明明白白。车间主任对生产工艺流程、BOM 物料清单、车间人员情况,比成本会计人员要熟悉得多,所以我说车间主任比财务部的成本会计人员更合适一些。"

徐总:"嗯,有一定道理。不过,毕竟专业的事情要让专业的人来做,让车间主任干会计的活儿,有点专业不对口。"

"你错了。其实早期的管理会计学理论,在很大程度上就不是会计专业人员推动发展的。像 19 世纪早期纺织企业的复式成本账户、19 世纪中期的钢铁企业的成本凭证、19 世纪后期铁路企业的成本信息系统都是由企业的工程师发明的。是他们完善了以提高企业的生产效率和工作效率为目的的管理会计相关理论。我觉得吧,会计虽然是专业工作,但是没有必要画地为牢。让车间主任学习管理会计知识,有什么不可以呢?"老彭说道。

"针对你的具体情况而言,你在酒厂干了这么多年销售工作,现在开的又是酒类销售公司,你肯定对公司运行的商业模式、商业实质有深入透彻的理解,你才是这个公司最好的管理会计人选。当然,前提是,你要了解并掌握基本的管理会计学知识才行。不过,让你这个总经理干管理会计的活儿,简直是大材小用,好比是买个手机来当榔头使，不仅砸坏了屏还浪费了芯片。"老彭接道。

徐总立即表示："没关系，技多不压身嘛，多学点知识总是好事情。我也不会去干具体的工作，因为没有那么多时间和精力，我只需要理解基本概念和方法即可。你讲解的时候，我让我妻子一起来听，具体工作，我让她去做。"

理论结合实际应用管理会计方法

"嗯，你作为企业的经营管理者确实没有必要做太多具体的工作，那样反而是捡起芝麻丢了西瓜。在听我讲解时，你也不必关注太多细节性问题，重点理解概念和方法，知道应用的场景。你把公司的会计账务处理外包给代理记账公司吧，按时申报纳税，不出错就好。让你妻子做日常报销；收集日常营业中的往来发票、单据；记录资金、往来流水账；同时兼任一些管理会计的具体工作。有些工作，我也可以帮你做一做，反正你的这个公司经营规模小，费不了多少时间。"老彭替徐总做了安排。

"咦，我听以前酒厂的财务部长说过，会计与出纳两个岗位不能由同一个人兼任。我妻子既当出纳，又兼任日常报销等会计工作，是不是不符合会计制度要求啊？"徐总不懂就问。

"哦，你说的是内部控制中不相容职务的职责分离要求问题。但内部控制措施要考虑具体的应用场景，不能一概而论。COSO（美国内部控制和风险管理标准制定机构）发布的《内部控制——整合框架》(2013)特别指出，针对小型主体的内部控制而言，职责分离本身不是目的，而是降低固有风险的一种手段。若制定或评估应对风险的控制时,缺少适当的职责分离,管理层可以考虑是否有其他可靠的控制来应对风险,并被认真地执行。"老彭解释。

"按这个说法,就我的公司而言,由于资源有限,虽然可能无法做到充分的职责分离,但是,可以通过其他风险控制措施来弥补应对,是这样吗?"徐总问道。

老彭:"你理解得没有错。"

徐总:"那么我应该采取什么'其他风险控制措施'来弥补应对呢?"

"归根到底,你的内部控制措施就是确保你妻子不会身在曹营心在汉。把她管理好了,你的会计、出纳职务不相容风险就控制住了,哈哈。"老彭不忘开玩笑。

徐总:"你不要一本正经地胡说八道啊。"

老彭:"其实我说的就是正经话。你想想,这个公司本身就是你和你妻子的共同财产,你跟她搞什么职责分离?当然,人难免有犯糊涂的时候,算账算出1加1等于3,也不是没有可能。你可以每个月随机抽查几笔复核一下。

"但是,话又说回来,这个办法只适用于你公司目前的管理现状,如果内部控制环境发生变化,比如你的公司规模扩大到一定程度了,实施不相容职务的职责分离就是肯定有必要的。"

徐总:"嗯,目前好像是没有必要小题大做。"

老彭:"虽然刚才我们讨论的是内部控制问题,其实,应用管理会计方法也是同样的道理,要针对具体问题具体分析,要考虑是否符合具体的经营管理场景,要考虑是不是契合具体的商业模式和商业实质。我给你讲解的这些管理会计方法,你都要针对公司的实际情况灵活应用,不能生搬硬套、照本宣科,那样的话往往事与愿违,费力不讨好。"

"听君一席话,胜读十年书啊。"徐总感慨。

"过奖了,只要你听我讲完,没有'听君一席话,还是一席话'就好。"老彭道。

　　"看来我早就应该抽出时间来学习一点财务、会计的相关知识了，更新一下我的知识储备，这对经营管理公司太重要了。"徐总下定了决心。

　　"现在学习也不晚。不论是像你这样投资经营企业的老板，还是掌控企业战略的高级管理者，抑或主管具体业务部门（非财务部门）执行战术任务的中层、基层管理者，了解一些基本的财务和会计知识是很有必要的。"老彭鼓励道。

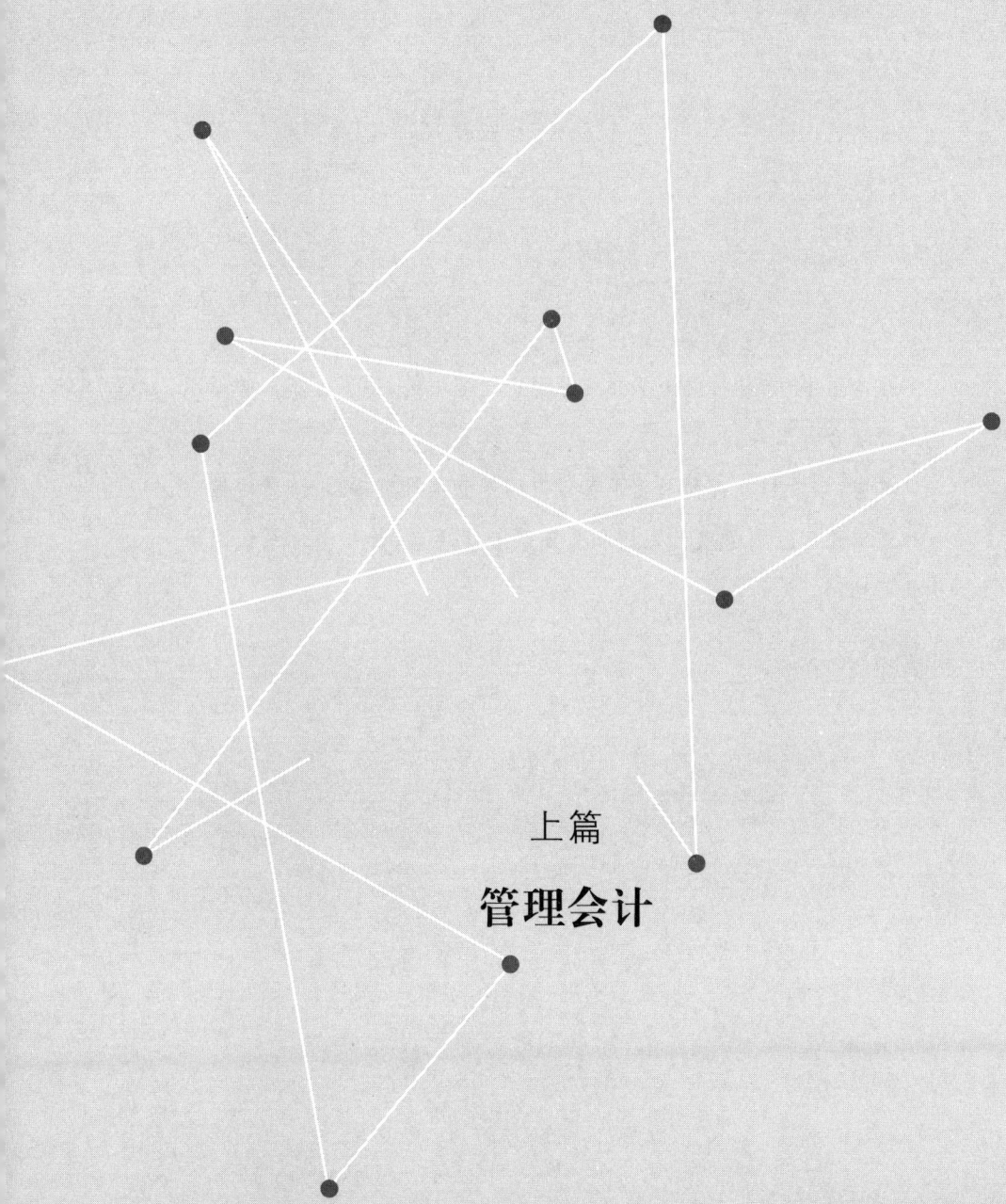

上篇

管理会计

在本篇中,老彭将给徐总介绍五种广泛应用的、适用于不同管理职能的管理会计工具。

其中,本量利分析和全面预算可以用于管理计划;短期经营决策分析和资本预算分别适用于短期和长期的管理决策;责任会计系统则用于管理控制。

第一章　本量利分析：一种管理计划工具

老彭说：

本量利分析是一种用于管理计划的管理会计工具。在进行本量利分析之前，首先要依据成本动因，对成本性态进行分析，区分变动成本和固定成本。

可以运用损益方程式来测算保本点。保本点就是收入和成本相等时实现的销售量。也可以利用单位边际贡献和边际贡献率来测算保本点。

当销售多个品种时，需要利用加权平均边际贡献率来测算各个品种的保本点，当然也可以运用另外一种测算方法：销售组合法，即先把数个单品视同为一个单品，计算出这个假设单品的保本销售量，然后再分别测算各单品的保本点。

而保利分析是在保本点分析的基础上更进一步，加入了利润因素，但基本原理是相同的。保利分析的目的，在于测算销售量达到多少才能赚取目标利润额。

经营总是要面临风险，因此在测算保本点的基础上，分析安全边际是有必要的。实际上，只有安全边际才能提供税前利润，在保本点以内，所有的边际贡献都用于弥补固定成本，无法提供税前利润。

除了安全边际，还可以用经营杠杆来度量经营风险。量化经营杠杆的指标是经营杠杆系数，固定成本越多，经营杠杆系数越大，经营风险越高。

接下来，老彭开始对徐总进行针对性的辅导。以下是他们的对话。

老彭："你肯定已经做过市场调查之类的准备工作了吧？"

徐总："嗯，已经调查得差不多了。"

老彭："管理计划呢？比如，本量利分析做了没有？"

徐总："什么是本量利分析？我不懂啊，也没有做。"

"本量利分析就是研究成本、业务量和利润之间的相互关系，分析成本性态，测算保本点和保利点，计算安全边际，诸如此类的工作。"老彭很专业。

"你别尽说专业术语啊，不要忘了我是会计学'小白'。麻烦你翻译翻译，什么叫'本量利分析'？"徐总有点着急。

"哦，用大白话说吧。你测算过卖多少瓶酒可以保本没有？测算过如果你想要实现某个目标税前利润，需要卖多少瓶酒没有？测算过市场下滑到什么程度，你还能确保不亏本没有？"老彭一连问了几个问题。

徐总："我一个也没有做，我哪有这本事。我只是大致估了一下。以我的经验判断，只要市场环境不发生大的变化，一年销售1万多瓶，挣100万元，是没有问题的。"

老彭：《孙子兵法》十三篇，开篇就是计篇。这个计，可不是计谋的计，是算计的计，度量、分析的意思。开战之前都要计于庙堂，经营管理企业的道理也一样。不详细测算一下，你怎么知道这个100万元的利润目标靠不靠谱呢？我刚才说的本量利分析就是一个可以用于事前计划的管理会计工具，可以让你对未来的前景有比较清晰的认识。"

"1亿元的目标，我肯定是实现不了的。但是，100万元的小目标，我实现起来还是比较有把握。"徐总信心满满。

"实践才出真知。"老彭持保留意见。

徐总："嘿，那你说说该如何测算，我按你说的方法测算一下，要实现多少瓶销售量才能保本。"

成本性态分析:把成本费用归类

老彭和徐总先进行了成本费用分析即本量利分析的第一步:成本性态分析,仔细将每一项成本和费用,按照一定标准分类。徐总拿出了三张表格,表格中把所有的成本和费用都列了出来。见表1-1、表1-2和表1-3。

表1-1　开业前支出明细表　　　　　　　　单位:元

支出名称	支出金额	备　　注
采购长安之星小货车1台	45 000.00	折旧年限为5年,预计净残值为0,直线法折旧
采购收银机2台	3 600.00	1 800元/台,折旧年限为3年,预计净残值为0,直线法折旧
黄河路店店面装修	100 000.00	摊销期5年
泰山路店店面装修	120 000.00	摊销期5年

表1-2　运营成本明细表　　　　　　　　单位:元

运营成本	月度金额	年度金额	备　　注
黄河路店店面租金	20 000.00	240 000.00	
泰山路店店面租金	30 000.00	360 000.00	
黄河路店水电费	500.00	6 000.00	
泰山路店水电费	500.00	6 000.00	
黄河路店办公杂费	200.00	2 400.00	
泰山路店办公杂费	600.00	7 200.00	
停车过路费用	800.00	9 600.00	

续上表

运营成本	月度金额	年度金额	备　　注
车辆保险		3 000.00	
车辆维修保养		2 000.00	
车辆油耗		8 000.00	
会计外包费用	500.00	6 000.00	
业务费用			占年度销售额的比率为3%

表 1-3　人工支出明细表　　　　　　单位：元

人工支出项目	月度固定工资	年度固定工资	提成比率	备　　注
店面营业员/人	2 500.00	30 000.00	3%	共4人，每店2人，销售提成按店面零售销售额乘以提成比率计算
销售兼送货员/人	4 000.00	48 000.00	3%	共2人，销售提成按其实现的销售额乘以提成比率计算
出纳	4 000.00	48 000.00		固定工资，无提成
总经理	10 000.00	120 000.00		固定工资，无提成

1. 成本动因

老彭看到徐总给的三张表格后，认为还不够，还要选择特定的成本动因，对这些成本费用进行分类，如图 1-1 所示。

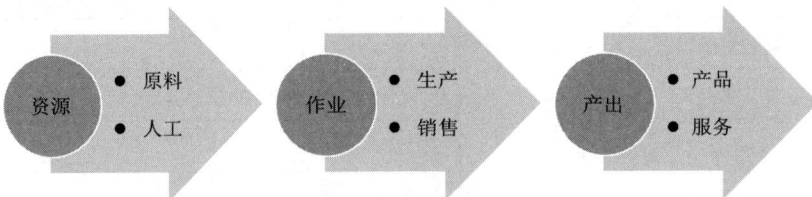

图 1-1　成本动因示意图

老彭认为，为实现产出，要实施一系列的生产经营活动，比如生产活动、销售活动，这些活动被称为"作业"。每一项作业都需要资源投入才能产出。产出消耗作业，作业消耗资源，资源被消耗的财务结果就体现为成本。成本动因就是生产经营活动所需资源引致成本的度量。

比如，租店铺是一项"作业"。租店铺就要支付租金，消耗现金资源。从财务角度考虑，也就是产生了成本。租的店铺数量，也就是租店铺这个"作业"的"作业量"，就是一个成本动因。又比如，销售是一项"作业"，销售实现的同时，也会消耗库存存货，从而产生销售成本。销售量，也就是销售这个"作业"的"作业量"，就是销售成本产生的成本动因。

不同的生产经营活动，也就是不同的"作业"，有不同的成本动因。

它可以是实物数量，比如开店，要租店铺，每多租一间，就会多增加一间的租金成本，租赁的店铺数量就是租金成本产生的成本动因；成本动因也可能是时间长度，比如你去做保健按摩，按摩师给你服务的时间越长，你需要支付的费用越高；成本动因也可能是行驶里程，比如航空公司的飞机，飞行里程越长，油料成本就越高。

"分析成本动因有什么意义呢？"在了解了成本动因的概念后，徐总问道。

老彭："嗯，这个问题很重要。能否找到最恰当的成本动因，决定了管理者能否更好地理解成本性态和控制成本。在针对你的酒类销售公司的本量利分析中，我们把成本动因选定为销售量；相应的成本分类，也就根据成本总额与销售量这个成本动因之间的关系来划分，这叫作'成本性态分析'。"

2. 固定成本与变动成本

之后徐总又向老彭提出了自己的疑问：根据成本总额与销售量的关系，成本可以划分为哪几类。

老彭耐心地为徐总解惑。成本可以划分为三大类：一类是固定成本；一类是变动成本；还有一类是混合成本。判断一项成本是变动成本还是固定成本，要看成本动因的变化给它带来何种影响。

（1）固定成本是不受成本动因变化影响的成本。如图 1-2 所示，固定成本总额在一定相关范围之内，是不随销售量的变动而变动的。酒类销售公司的固定成本有：店铺的租金、长安货车和自动收银机的折旧、车辆保险费用等。值得注意的是，不是说这些成本本身是固定不变的，而是说它在一定相关范围之内，是不随销售量这个成本动因的变动而变动的。如果换一个成本动因，比如换成租赁店铺的数量，那么店铺租金就不一定是固定成本了。

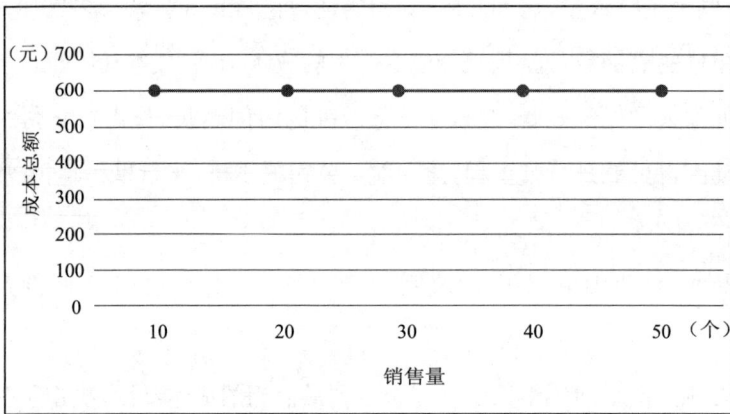

图 1-2　固定成本示意图

另外，还需要注意，虽然固定成本总额不会随着销售量变化而变化，但是，单位固定成本却会随着销售量的变化而变化，如图 1-3 所示。随着销售量的增加，单位固定成本的总趋势是下降的。

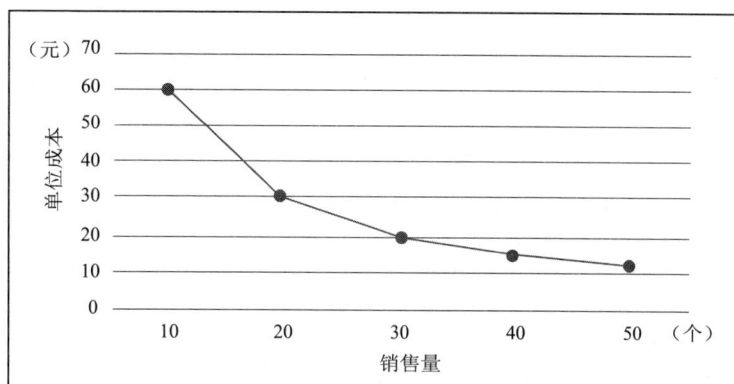

图 1-3　单位固定成本示意图

（2）第二类是变动成本，如图 1-4 所示。

变动成本是随着成本动因的变化，在总量上同时按比例发生变化的成本。变动成本总额在一定相关范围之内，是随着销售量的变动而变动的。酒类销售公司的变动成本有：销售成本、销售提成、业务费用。

与单位固定成本性质相反，虽然变动成本总额会随着销售量变化而变化，但是，单位变动成本却是在一定范围之内恒定不变的，如图 1-5 所示。

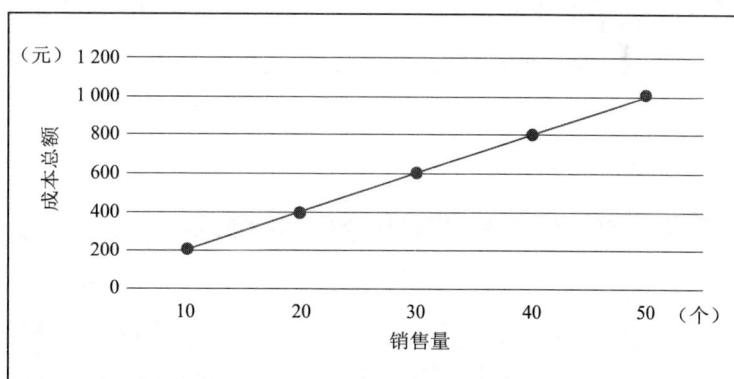

图 1-4　变动成本示意图

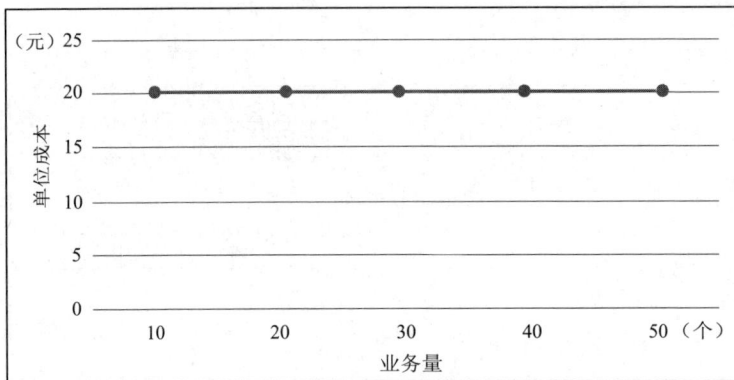

图 1-5　单位变动成本示意图

徐总："有点枯燥，不过我听明白了。我举几个例子说一下我自己的看法，你听听我理解的对不对。

"杜甫有诗云'李白斗酒诗百篇'。我们分析一下，产出就是诗歌，作业就是'作诗'这个行为，'作诗'这个作业要消耗'酒水'这项资源，因此作业量，也就是作出的诗歌的数量，就是成本动因。我来算一算，唐代一斗酒（大量制）相当于现代的 6 000 毫升，差不多 12 斤，我们按 10 斤算吧。如果李白作诗的时候，饮酒量是均匀的，每喝一两酒必然作出一首诗。那么每作出一首诗花费的成本是固定的——一两酒的酒钱；随着作的诗越来越多，喝的酒也越来越多，应付酒钱总额随着作出来的诗的数量越累积越多。那么应付的酒钱，就是作诗数量这个成本动因的变动成本。"

"你不愧是卖酒的，这也能让你联系起来。"老彭打趣道。

"哈哈，我再给你说一个。

"白居易在一个彤云密布的傍晚邀请他的哥们儿刘十九喝酒，白居易问：'绿蚁新醅酒，红泥小火炉。晚来天欲雪，能饮一杯无？'除了新酿美酒，白居易还准备了一个红泥小火炉。

"这东西是用来温酒的。那天晚上无论温多少次酒，这个小火炉都不会有损耗，第二天还可以接着用。它可能随时间长久而开裂或失手打破，但它的消耗与温酒次数这个成本动因无关，并不随着温酒次数的增加而消耗其价值。这个小火炉的价值，就是温酒次数这个成本动因的固定成本。"

"你说的例子更生动有趣，看来你是完全理解变动成本和固定成本了。"老彭听完之后称赞道。

接着老彭讲起了最后一类混合成本。

(3)所谓混合成本就是无法直接分类为变动成本或固定成本的那一类成本。它可能是随着业务量的变动而变动的，但是，它的变动与变动成本不同，与业务量不成比例，有时多一些，有时少一些，有时可能不变。比如酒类销售公司就存在混合成本，如支付给店面营业员的人工成本，就是混合成本。它既包括随销售量变动的销售提成，又包括月度固定工资这种固定成本。混合成本可以按照一定的规则，区分为变动成本和固定成本。

就拿表1-1至表1-3这三张表格来说，区分出变动成本和固定成本，可以做成两张表格。表1-4和表1-5是老彭将徐总的酒类销售公司的各项支出按成本性态划分做成的。

表1-4 变动成本项目表

变动成本项目	变动费用率
销售成本	
销售提成	3%
业务费用	3%

表1-5 固定成本项目表　　　　　　　　　　单位：元

固定成本项目	月度金额	年度金额	备　　注
黄河路店店面租金	20 000.00	240 000.00	
泰山路店店面租金	30 000.00	360 000.00	

续上表

固定成本项目	月度金额	年度金额	备 注
黄河路店水电费	500.00	6 000.00	
泰山路店水电费	500.00	6 000.00	
黄河路店办公杂费	200.00	2 400.00	
泰山路店办公杂费	600.00	7 200.00	
停车过路费用	800.00	9 600.00	
车辆保险	250.00	3 000.00	
车辆维修保养	166.67	2 000.00	
车辆油耗	666.67	8 000.00	
会计外包费用	500.00	6 000.00	
店面营业员固定工资	10 000.00	120 000.00	每人每月 2 500 元，每店 2 人，共计 4 人
销售兼送货员固定工资	8 000.00	96 000.00	每人每月 4 000 元，共计 2 人
出纳工资	4 000.00	48 000.00	
总经理工资	10 000.00	120 000.00	
长安之星小货车折旧额	750.00	9 000.00	资产原值 45 000 元，折旧年限为 5 年，预计净残值为 0，直线法折旧
收银机 2 台折旧额	100.00	1 200.00	资产原值 3 600 元，折旧年限为 3 年，预计净残值为 0，直线法折旧
黄河路店店面装修摊销	1 666.66	20 000.00	总额 100 000 元，摊销期 5 年
泰山路店店面装修摊销	2 000.00	24 000.00	总额 120 000 元，摊销期 5 年
合计	90 700.00	1 088 400.00	

3. 相关范围

在徐总明白了各个成本的含义之后，老彭又向他强调了"相关范围"的含义：分析某一项成本是变动成本还是固定成本，是以成本动因变化的一个限定范围作为假设前提的。

"我不太明白。"徐总直接表示。

老彭："你现在是开两个店，这些成本费用都是以开两个店实现的销售量为前提测算的，现在你是把店铺租金划分为固定成本。假设市场火爆，随着销售量猛增，每销售一万瓶，你就必须要开一家店，你接二连三开了七八家店。你想想，你的店铺租金是不是随着销售量的变化而变化的？店铺租金是不是变动成本？"

"哦，我明白了，成本性态分析是有假设前提的，这个假设前提就是成本动因作业水平的相关范围，只有当作业量在相关范围之内，成本与成本动因之间的特定关系才保持不变，成本性态划分的结论才是正确的。"徐总总结道。

老彭："是的。另外，还要注意时间范围。经济学理论认为，从长期来看，所有的成本都是变动的；就短期而言，至少有一个成本是固定的。"

徐总："多长时间算是短期呢？"

老彭："一般来说，在做本量利分析时，一年以内可以看作短期，但是短期的时间长度因成本的不同而有差异。在一定程度上，这取决于管理者的判断以及分析成本性态的目的。"

保本分析：销售量达到多少才不亏本

1. 单品种销售的保本点

在划分了成本性态后，老彭开始讲解如何测算保本点了。首先老彭讲解了什么是保本点。保本点就是盈亏临界点，也叫盈亏平衡点，就是收入和成本相等时实现的销售量。老彭用单品种销售的保本点分析模型来计算保本点。

老彭："你代理销售的产品有哪些？给我看一下你的进销价格表。"

"我代理的产品就一个，M 酒厂 A 品牌的天象系列酒。"说着，徐总把一张进销价格表递给了老彭，见表 1-6。

表 1-6　进销价格表

项　　目	娇阳 52 度	皓月 48 度	清风 38 度
采购单价(元/瓶)	800.00	350.00	100.00
销售单价(元/瓶)	1 040.00	455.00	135.00
毛利率(%)	23.08	23.08	25.93

老彭："这明明是三个产品啊？"

徐总："是一个产品系列中的三个单品，都是 A 品牌的天象酒系列。"

老彭："哦，虽然是同一个产品系列，但是由于不同单品的单位进货成本与单位销售价格不相同，不适用单品种销售的保本点分析模型。为了让你更好理解，我先假定你只代理销售一个品种的产品，等你理解单品种销售的保本点分析模型的原理后，理解多品种销售的保本点分析模型的原理就容易了。

"我们先确定一下计算参数。假设单位进货成本按 500 元计算，单位销售价格按 650 元计算，毛利率是 23.08%。年固定成本采用表 1-5 固定成本项目表中的合计数 1 088 400.00 元，单位变动成本除了单位进货成本以外，还有销售提成和业务费用，变动费用率采用表 1-4 变动成本项目表中的数据。"

以下是老彭的计算过程。

计算得出单位变动费用(销售提成与业务费用)为：$650 \times (3\% + 3\%) = 39$ 元。

单品种销售的保本点可以用损益方程来计算。就是把收入和税前利润加入进来，列一个一元一次方程。把保本销售量设为 Q，税前利润设为 0，然后用下面这个方程求解 Q。

（单位销售价格－单位变动成本－单位变动费用）×Q－固定成本＝0

在这里税前利润设为0，是因为保本点是收入和成本相等时实现的销售量。也就是没有税前利润时的销售量。

把刚才假设的参数代入这个方程算一下，可以看到：

单位销售价格是650元/瓶；单位变动成本，也就是每瓶的进货成本500元/瓶；单位变动费用，也就是销售提成和业务费用39元/瓶，固定成本是1 088 400.00元。那么方程应该是：（650－500－39）×Q－1 088 400＝0，解得$Q \approx$9 805，也就是要卖掉9 805瓶才能保本。

"这个保本点比较高。这是假设只销售一个品种的情况，与实际情况不符，这个结果不能说明问题。"老彭分析道。

2. 边际贡献

接着老彭为徐总讲解多品种销售的保本点，这里首先需要先搞清楚"边际贡献"这个概念。

边际贡献也可以理解为每一单位新增销售量对固定成本和税前利润的影响。

单位边际贡献就是单位销售价格减去单位变动成本、单位变动费用以后的差额。不过，在管理会计学上，有时候提到边际贡献，除了单位边际贡献以外，还可以指边际贡献总额，也就是收入总额减去变动成本总额、变动费用总额以后的差额。

单位边际贡献＝单位销售价格－单位变动成本－单位变动费用

边际贡献（总额）＝收入总额－变动成本总额－变动费用总额

"这个边际贡献（总额）就是我们平常所说的毛利吗？"徐总提出疑问。

"边际贡献（总额）与毛利不是一个概念。毛利是销售收入减去销售成本的差额，而边际贡献除了减去变动的销售成本以外，还要减掉变动费用。只要是随着销售量变动的成本和费用都要扣除，这才是边际贡献。我画个图给你看。"说着老彭画出如图 1-6 所示的边际贡献示意图。

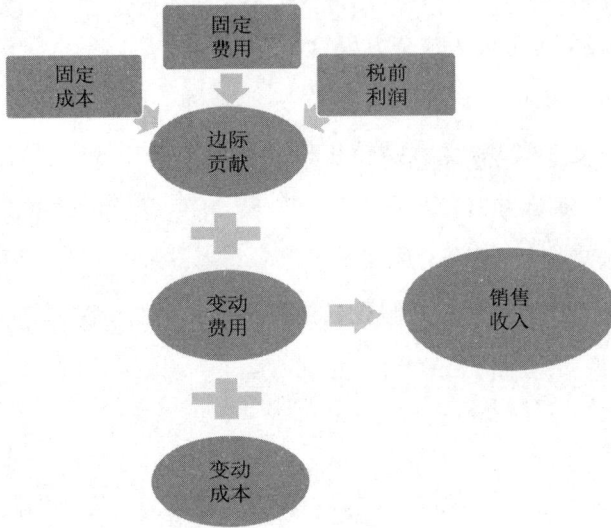

图 1-6　边际贡献示意图

"变动成本、变动费用和边际贡献组合到一起，形成销售收入；而边际贡献由固定成本、固定费用和税前利润组成。"老彭解释道。

"那单位边际贡献跟计算保本点有什么关系呢?"徐总又接着问。

老彭："你可以用单位边际贡献求解保本点，表达式是这样的：

$$保本点 = 固定成本 \div 单位边际贡献$$

"把刚才举的例子试算一下，固定成本是 1 088 400.00 元，单位边际贡献是 650−500−39＝111 元，保本点是 1 088 400÷111≈9 805 瓶。这个表达式还是只适用于销售单一品种的情况。

"在理解边际贡献的基础之上，进一步了解边际贡献率，就可以计算多品种销售的保本点了。"

3. 边际贡献率

接着老彭向徐总讲解边际贡献率的概念。

"边际贡献率就是边际贡献总额占销售收入总额的比率。"老彭说道。

"那么,边际贡献率也可以是单位边际贡献占单位销售价格的比率?"徐总问道。

"是的。"以下是老彭给出的边际贡献率的表达式。

$$边际贡献率＝边际贡献总额÷销售收入总额$$

$$边际贡献率＝单位边际贡献÷单位销售价格$$

把变动成本和变动费用代入进去,可以把表达式写成这样:

$$边际贡献率＝(销售收入总额－变动成本总额－变动费用总额)÷$$
$$销售收入总额$$

$$边际贡献率＝(单位销售价格－单位变动成本－单位变动费用)÷$$
$$单位销售价格$$

老彭:"我们把实际数据代进去可以计算边际贡献率。不过,因为销售的是同一产品系列的多个单品,所以我们计算出来的边际贡献率实际上是加权平均的边际贡献率。"

"加权平均的边际贡献率? 以什么为权重呢?"徐总问道。

老彭:"我们可以用每个单品的销售比率作为权重,来计算加权平均边际贡献率。"

徐总:"嗯,这个好办,代理区域的市场情况我还是比较清楚的。一般来说,高度白酒好卖一些,娇阳 52 度销售量占总销售量的比率可以达到 60％,皓月 48 度和清风 38 度的销售量占总销售量的比率都是 20％。"

老彭:"嗯。那么,加权平均的边际贡献率＝∑单品的边际贡献率×单品的销售比率。"

徐总:"我列个表算一下,你帮我看看。"

表 1-7 是徐总列出的加权平均的边际贡献率计算表。

表 1-7　加权平均的边际贡献率计算表 1

项　　目	娇阳 52 度	皓月 48 度	清风 38 度	备　　注
销售单价(元/瓶)	1 040.00	455.00	135.00	
采购单价(元/瓶)	800.00	350.00	100.00	
毛利率(%)	23.08	23.08	25.93	
销售提成(元/瓶)	31.20	13.65	4.05	销售提成率 3%
业务费用(元)	31.20	13.65	4.05	费用率 3%
单位边际贡献(元)	177.60	77.70	26.90	
边际贡献率(%)	17.08	17.08	19.93	
销售量比率(%)	60	20	20	

"那么,加权平均的边际贡献率应该等于 17.08%×60%＋17.08%×20%＋19.93%×20%＝17.65%。"徐总停下笔说。

"这个结果是错误的。"老彭道。

"错误的? 哪里错了?"徐总忙问。

老彭:"你用的是销售量的比率,也就是各单品销售量占总销售量的比率,而计算加权平均边际贡献率,需用各单品的销售收入占销售收入总额的比率。刚才是我没有说清楚,我把表达式修改一下,会更清楚一些。"

加权平均的边际贡献率＝∑单品的边际贡献率×单品的销售收入÷
销售收入总额

徐总:"嗯,只说销售比率容易引起歧义,我把它理解成了销售量的比率。"

老彭:"是的,因为各单品销售价格不一样,所以销售收入比率不等于销售量比率,必须要指明的是,用各单品销售收入占销售收入总额的比率才行。"

"那我重新修改一下计算表格。哦,不对,只有各单品销售量的比率,没有总销售量,计算不出来各单品的销售量,也就无法计算各单品的销售收入啊。"徐总说道。

老彭:"你前期不是做了市场调查吗? 预计总销售量是多少?"

徐总:"低的值大约为 11 500 瓶,高的值大约为 12 500 瓶,大概就在这个区间之内吧。"

老彭:"那我们大概取个算术平均数,先按照 12 000 瓶来测算。"

于是,徐总按照这个数据重新列出了加权平均的边际贡献率计算表,见表 1-8。

表 1-8　加权平均的边际贡献率计算表 2

项　　目	娇阳 52 度	皓月 48 度	清风 38 度	合　　计	备　　注
销售单价(元/瓶)	1 040.00	455.00	135.00		
采购单价(元/瓶)	800.00	350.00	100.00		
毛利率(%)	23.08	23.08	25.93		
销售提成(元/瓶)	31.20	13.65	4.05		销售提成率 3%
业务费用(元)	31.20	13.65	4.05		费用率 3%
单位边际贡献(元)	177.60	77.70	26.90		
边际贡献率(%)	17.08	17.08	19.93		
销售量比率(%)	60	20	20		
单品销售量(瓶)	7 200	2 400	2 400	12 000	
单品销售收入(元)	7 488 000.00	1 092 000.00	324 000.00	8 904 000.00	
销售收入比率(%)	84.10	12.26	3.64	100.00	

那么,加权平均的边际贡献率应该是:

17.08%×84.10%＋17.08%×12.26%＋19.93%×3.64%＝17.18%。

老彭:"现在可以用这个加权平均的边际贡献率,计算加权平均的保本销售额，进而计算各单品的保本点了。"

4. 多品种销售的保本点

老彭："我们先计算加权平均的保本销售额。按照以下公式计算：

加权平均保本销售额＝固定成本÷加权平均边际贡献率。"

"可是我想要知道的是各单品的保本销售量啊。"徐总疑惑道。

"有了销售额就可以计算销售量。"老彭给出以下公式。

单品的保本销售额＝加权平均的保本销售额×单品的销售收入÷销售收入总额

单品的保本销售量＝单品的保本销售额÷单品的销售单价

"我算一下。固定成本是 1 088 400.00 元，加权平均的边际贡献率是 17.18%，加权平均的保本销售额就等于 1 088 400÷17.18%＝6 335 273.57 元。各单品的保本销售量应该是这个表列示的数量。"说着，徐总列出了单品的保本销售量计算表，见表1-9。

表1-9　单品的保本销售量计算表

项　　目	娇阳52度	皓月48度	清风38度	合　　计
销售单价(元/瓶)	1 040.00	455.00	135.00	
销售收入比率(%)	84.10	12.26	3.64	
加权平均的保本销售额(元)				6 335 273.57
单品保本销售额(元)	5 327 965.07	776 704.54	230 603.96	
单品保本销售量(瓶)	5 123	1 707	1 708	8 538

5. 另外一种计算方法：销售组合法

徐总："虽然我按你说的方法计算出来了各单品的保本销售量，但是我有个疑问。刚才你说的这个计算方法，计算加权平均边际贡献率是以计算各单品的销售额为前提的,而这就需要我先预计所有单品的合计销售量。但如果我事先不能预测所有单品的合计销售量,只能预计品种销售结构,也就是各单品销售量的比率,岂不是不能应用这个方法了?”

老彭:“那你可以用另外一种方法。”

徐总:“你的招数真多呢,还有什么方法?”

老彭:“使用销售组合法。先计算加权平均的单位边际贡献,再根据加权平均的单位边际贡献,计算销售组合的加权平均保本销售量,最后根据品种销售结构,分解出各单品的保本销售量。”

“加权平均的单位边际贡献? 以什么为权重呢?”徐总接着问。

老彭:“以各单品销售量占总销售量的比例作为权重。”

加权平均单位边际贡献＝∑单品的单位边际贡献×单品销售量÷总销售量

销售组合加权平均保本销售量＝固定成本÷加权平均单位边际贡献

单品保本销售量＝销售组合加权平均保本销售量×单品销售量÷总销售量

“这个思路是不是先把三个单品视为一个单品,计算出这个假设单品的保本销售量,再根据三个单品的品种销售结构,分解出单品各自的保本销售量。”徐总说出自己的理解。

老彭:“是的。你把刚才的数据代入试算一下,看计算出来的各单品各自的保本销售量是不是与第一种方法的结果一样。”

“我先列个表,计算加权平均单位边际贡献。”徐总又列出了品种销售结构表,见表1-10。

表 1-10　品种销售结构表

项　　目	娇阳 52 度	皓月 48 度	清风 38 度
单位边际贡献(元)	177.60	77.70	26.90
销售量比率(%)	60	20	20

加权平均单位边际贡献：$177.60 \times 60\% + 77.70 \times 20\% + 26.9 \times 20\% = 127.48$ 元，固定成本是 1 088 400.00 元，那么加权平均的保本销售量就是 1 088 400÷127.48≈8 538 瓶。

各单品的保本销售量就是这个表列示的数据，见表 1-11。

表 1-11　单品的保本销售量计算表

项　　目	娇阳 52 度	皓月 48 度	清风 38 度	合　　计
加权平均保本销售量（瓶）				8 538
销售量比率（%）	60	20	20	
单品保本销售量（瓶）	5 123	1 707	1 708	

徐总："确实，计算结果是一样的。不过，我觉得销售组合法更切合实际一些，各单品的品种销售结构可以根据历史数据和未来趋势相对准确地预测。但是预测所有单品的合计销售量，则不太容易。再厉害的销售员也只能估计一个销售量的大概区间，而不敢说一定可以实现某个确定数值的销售量。拍胸脯、打包票说他可以精确预测到某个具体数值的，不是神仙就是骗子。"

6. 固定成本分配到各单品可行吗

"刚才你说的两种计算多品种保本销售量的方法有点麻烦，要经过好几个步骤才能得出结果，有没有更简便一点的办法呢？比如说，把固定成本分摊到各单品上，这样就可以直接运用单品种销售的保本点分析模型了。"徐总进步很快。

老彭："你可以先试一试，得出一个结果，我们再来说可不可行。"

徐总又列出一个表进行了计算，见表 1-12。

表 1-12　保本点计算表（固定成本按销售量比率分摊到各单品）

项　目	娇阳 52 度	皓月 48 度	清风 38 度	合　计
固定成本(元)				1 088 400.00
销售量比率(%)	60	20	20	
单品分摊的固定成本(元)	653 040.00	217 680.00	217 680.00	1 088 400.00
单品的单位边际贡献(元)	177.60	77.70	26.90	
单品保本销售量(瓶)	3 677	2 802	8 092	14 571

徐总："咦，这个结果与应用多品种销售的保本点分析模型计算的结果，差异好大啊。会不会是因为，我以销售量比率进行分摊才导致这个结果？是不是应该用销售收入比率作为分摊率来分摊固定成本呢？"

老彭："你可以再试一下，用销售收入比率作为分摊率。"

于是，徐总又列出固定成本按销售收入比率分摊到各单品上的保本点计算表，见表 1-13。

表 1-13　保本点计算表（固定成本按销售收入比率分摊到各单品）

项　目	娇阳 52 度	皓月 48 度	清风 38 度	合　计
固定成本(元)				1 088 400.00
销售收入比率(%)	84.10	12.26	3.64	
单品分摊的固定成本(元)	915 344.40	133 437.84	39 617.76	1 088 400.00
单品的单位边际贡献(元)	177.60	77.70	26.90	
单品保本销售量(瓶)	5 154	1 717	1 473	8 344

"为什么这个结果还是与应用多品种销售的保本点分析模型计算出来的结果不一致呢？"徐总表示不解。

老彭："你还记得最开始我跟你说过的成本性态分析吗？"

"记得。"

"那你说说，固定成本与成本动因的关系是什么？"

徐总："固定成本与成本动因的关系是成本总额不随成本动因的变动而变动。"

老彭："既然固定成本与成本动因的变动没有关系，我们又把销售量作为成本动因，那么，固定成本会因为销售量或销售额的变动而变动吗？"

徐总："当然不会。"

老彭："固定成本不会随着合计销售量或者合计销售额的变动而变动，那么，它会随着各单品销售量或销售额的变动而变动吗？"

徐总："哦，我明白了。分摊率不论用销售量比率，还是用销售收入比率，都不正确。因为这个分摊方式本身就背离了固定成本的基本性质。"

老彭："是的。其实你看那两个多品种销售的保本点的分析模型，固定成本是作为一个常量参与运算过程的，没有必要、也不应该把它分解到各单品上。我在实务中见过一些企业，人为制造一些比率来分摊固定成本，再用这个凭空生造出来的分摊值，应用单品种销售的保本点分析模型，来计算各单品的保本销售量。这看似分配得很精密，但实际上失之毫厘，谬以千里，后续的所有计算结果都是有问题的。"

保利分析：销售量达到多少才能赚取目标利润额

1. 保利销售量与保利销售额

"虽然保本点分析方法在实际工作中有用处，但是开公司做生意，目的是获得利润，辛辛苦苦不赔不赚，这还有什么意思。我最关心的是，如果设定一个利润目标，我要销售多少瓶才能够实现这个利润目标。这样我才能根据预测的市场销售量考虑我设定的这个利润目标是不是合理。"徐总说出自己的心里话。

老彭："你想要考虑这个销售量在可预计的市场条件下能不能实现，进而了解你设定的利润目标能不能实现？"

"是的。"

"这个好办啊。"

"我要销售多少瓶才能够实现计划的利润目标，这个是有办法测算的？"徐总来了兴趣。

老彭："是的，这个就是本量利分析中的保利分析模型。保利分析的目的是确定保利点。保利点，就是在单位销售价格和成本既定的情况下，为确保目标利润可以实现，必须要达到的销售量或者销售额。其实，保利点与保本点的计算原理是一样的，无非是保利点加入了目标利润额这个计算参数。在计算保本点时，把目标利润额设为 0，不参与运算过程；而在计算保利点时，把目标利润额设为一个常数，要参与运算过程。"

"把保本点的计算表达式修改一下，是不是就可以了？"徐总问道。

"是这个意思，保利点计算表达式是这样的。"说着老彭给出了计算公式。

保利销售量＝（固定成本＋目标利润）÷（单位销售价格－单位变动成本－

单位变动费用）

或者写成：

保利销售量＝（固定成本＋目标利润）÷单位边际贡献

保利销售额＝（固定成本＋目标利润）÷边际贡献率

2. 目标利润

老彭："需要注意，这个目标利润指的是税前利润。"

徐总："税前利润？什么税呢？"

老彭："企业所得税啊。企业所得税法规定，公司如果有应纳税所得额，就要按照适用的税率缴纳企业所得税。"

徐总："哦，这个我知道。那企业所得税对保利点有影响吗？"

老彭："有。影响还比较大，总体来说会提高保利点水平。考虑企业所得税以后的目标利润，要比没有考虑企业所得税更大一些。"

徐总："大多少呢？"

老彭："这个要视公司适用的企业所得税率而定。一般公司的企业所得税率是 25％。如果被税务局认定为高新技术企业或者小型微利企业，可以享受税收优惠。我们暂时不管这些，还是按 25％的企业所得税率来计算。"

徐总："那么，我设定的目标利润在税前和税后又是个什么样的关系呢？"

"是这么一个关系。"老彭说着又写出一个公式。

$$税前目标利润＝税后目标利润÷（1－企业所得税率）$$

"假如说，我打算今年挣 100 万元，那么我在计算保利点的时候，就要把目标利润设定为：100÷（1－25％）＝133.33 万元？"徐总问道。

老彭："是的。因为你打算挣 100 万元，是实实在在落在你口袋里的 100 万元，相当于你计算的是税后净利润，而计算保利点需要使用税前利润作为计算参数。所以你需要换算成税前利润，也就是把 133.33 万元作为计算参数。这其中有 33.33 万元，是你需要缴纳的企业所得税。"

"那我算一下，看我的保利点销售量是多少。"说着，徐总在纸上开始了写写画画。

"你只计算加权平均销售量吧，不必计算各单品的销售量，反正你也说过，预计品种销售结构与实际情况差异不大。"老彭提醒道。

"是的，现在还没有必要计算得太详细。税前目标利润是 1 333 300 元，固定成本是 1 088 400 元，加权平均单位边际贡献是 127.48 元，那么保利点销售量就是：（1 333 300＋1 088 400）÷127.48＝18 997 瓶。要销售这么多瓶啊。不算不知道，算完吓一跳，这个销售量实现起来比较困难，我代理的那个市场区域恐怕没有这么大的市场容量。"随着数据被一步步计算出来，徐总惊讶道。

老彭："所以我一开始就提醒你用本量利分析工具测算一下。它是一种可以用于管理计划的管理会计工具。你只有仔细测算了保利点，才能知道之前设定的利润目标是不是与预计的市场情况符合，是不是切合实际。光是拍脑袋，随便估计一下，是不靠谱的。这也正是管理会计对企业生产经营的用处所在。"

徐总："是哟，刚刚创业，挣钱不容易，更需要在事前精打细算，计于庙堂，谋定而后动。看来越是本小利薄的公司，越是需要懂行的管理会计。"

"可是，实务中的情况正好相反，以我所了解的情况而论，越是中小公司，越是缺乏既精通理论又从业经验丰富，可以在企业生产经营实践中恰当应用各种管理会计方法的管理会计。"老彭感慨道。

"你说的是事实，我们这些小老板也不懂什么会计学，通常都以为做事认真仔细，能把账做平，会编制财务报表，可以按时申报纳税的，就是好会计。"徐总也感慨。

老彭："所以我觉得，中小公司如果内部没有管理会计人才，那么引进管理会计咨询是有必要的，这是一个花小钱办大事的途径。"

安全边际：超过保本点的销售量（销售额）

1. 安全边际的概念

"虽然实现 100 万元的目标利润有点困难，但是你的这个生意的安全边际还是比较大的，挣钱是可以挣到，只不过是挣多挣少的问题。"老彭说道。

徐总："安全边际是什么？这些术语，我听着都头大。"

"不会,不会,你记住这个图就可以了(如图 1-7 所示)。你预计可以实现的销售量的区间范围是 11 500 瓶到 12 500 瓶,加权平均保本销售量是 8 538 瓶,所以我说你这个生意的安全边际比较大。"老彭又开始了新知识点的讲解。

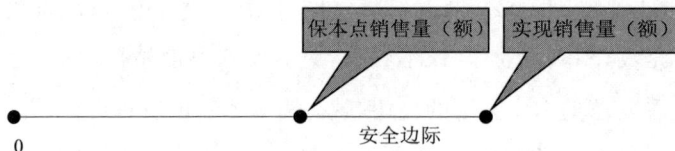

图 1-7　安全边际示意图

安全边际就是超过保本点的那一部分销售量。也可以说是超过保本点销售额的那一部分销售额,还可以用比率来表示。把保本点销售量(额)与预计可以实现的销售量(额)的比值,叫作保本点作业率。表达式可以写成这样:

保本点作业率＝保本点销售量(额)÷预计可以现实的销售量(额)

把安全边际量(额)与预计可以实现的销售量(额)的比值,叫作安全边际率。表达式可以写成这样:

安全边际率＝安全边际销售量(额)÷预计可以现实的销售量(额)

通过图 1-7 就可以知道:保本点作业率与安全边际率之和一定等于 1。保本点销售量(额)和安全边际销售量(额)就是一条线段的两段,两段之和就是预计可实现的销售量(额),各部分的比率之和一定等于 1。

徐总:"那这个安全边际有什么作用呢?"

老彭:"可以用来粗略衡量经营风险。我们前面讨论的保本点分析模型、保利点分析模型都是静态的。而经营活动是一个动态的过程,充满了不确定性。我们必须要认识到,不论是销售价格、销售量,抑或是变动成本、固定成本都有可能发生变化。如果一个公司预期销售水平下的安全边际很大,因为上述这些因素发生变化而遭受损失的风险就比较小。就如同你用箱子装运瓷器,你在瓷器周边垫的泡沫越厚，瓷器越不容易被打破。"

"如果预期安全边际较小，就可以提前采取行动增大安全边际，减少风险。就如同在瓷器周边多垫几块泡沫。"徐总接着道。

老彭："你可以用安全边际，估算市场状况恶化到什么程度，仍然可以确保你的公司不亏本。"

"那我算一下。"徐总根据老彭的指导计算了起来。"预计可实现的销售量是 12 000 瓶，我的加权平均保本销售量是 8 538 瓶，那我的安全边际是 3 462 瓶。也就是说，我可以容忍市场恶化到使我减少 3 462 瓶的加权平均销售量。"

老彭："是这个意思。不过，我提醒你啊，你销售的是多个单品，刚才你分析的安全边际是加权平均数，真正落实到各个单品上，还需要进一步测算。"

徐总："这个我明白，我那个代理区域，各个单品的品种销售结构是比较稳定的，所以用加权平均数来分析有一定代表性。"

老彭："如果加权平均值可以用，那就不必再进一步计算各个单品的数据了。销售业务你是内行，我尊重你的意见。"

2. 安全边际与利润的关系

实际上，只有安全边际才能提供税前利润，在保本点以内，所有的边际贡献都用于弥补固定成本，无法提供税前利润，只有当销售量超过保本点以后，边际贡献才成为税前利润。所以税前利润也可以表示为：

$$税前利润＝安全边际×边际贡献率$$

"当然，这个安全边际是以销售额来表示的。"老彭接着讲解。

徐总："为什么呢？你能不能再说明白一点？"

老彭："我画个图给你推导一下吧（如图 1-8 所示）。"

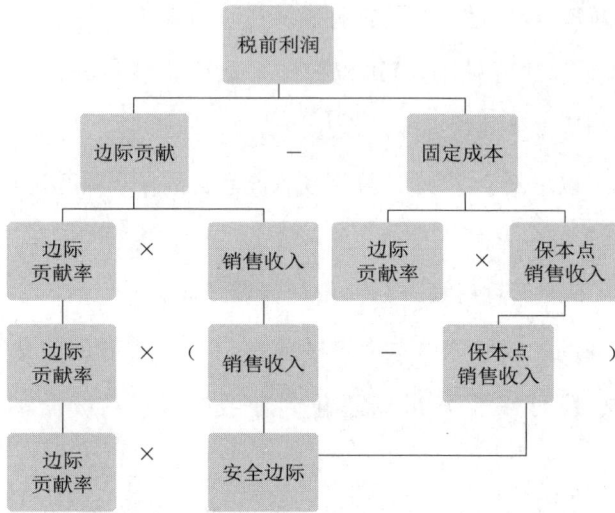

图 1-8　税前利润分解图

从图可以看出：税前利润最终可以分解为安全边际与边际贡献率的乘积。

经营杠杆：度量经营风险

1. 经营杠杆

"除了用安全边际粗略估计经营风险以外，还有一个与安全边际相关的概念，也可以用来度量经营风险，那就是经营杠杆。"老彭接着讲道。

徐总："就是阿基米德说的'给我一根杠杆我就能撬动地球的'那个杠杆？"

老彭："是的。物理学上用杠杆倍增所施加的力，从而能够做更多的功。而财务学中用经营杠杆表示，在销售作业量变动时，利用固定成本使税前利润发生更大比率的变动。"

徐总："固定成本就是那个支点？"

老彭："不，固定成本是那根杠杆。固定成本越大（杠杆越长），经营风险越大。我特别强调一下，风险代表生产经营活动中可度量的不确定性。风险不一定造成损失，风险也可能蕴含着机会。"

"有点绕，能不能说得再明白点。"徐总挠了挠头道。

老彭："我举个例子吧，你看这个表（表1-14）。"

表 1-14 例表 1

项　　目	第一年	第二年
销售单价（元）	10.00	10.00
销售量（瓶）	1 000	2 000
变动成本（元）	8.00	8.00
固定成本（元）	500.00	500.00
税前利润（元）	1 500.00	3 500.00

根据这个表计算销售增长率是：$(2\,000-1\,000)\div1\,000\times100\%=100\%$；税前利润增长率是：$(3\,500-1\,500)\div1\,500\times100\%=133\%$。当销售量增长时，税前利润增长率大于销售增长率。

"嘿，这个有点神奇啊。为什么税前利润增长率会超过销售增长率呢？"徐总笑着问道。

老彭："因为固定成本总额不随销售量的增长而发生变化，每一单位销售量增长分摊的固定成本是逐渐下降的。相应地，每一单位销售量增长对税前利润的贡献也就越来越大，而且这个变动的幅度会大于销售量变动的幅度，最终就导致税前利润增长率会超过销售增长率。"

"我把表格中的固定成本改为 0，再看一下。"

表 1-15　例表 2

项　　目	第一年	第二年
销售单价(元)	10.00	10.00
销售量(瓶)	1 000	2 000
变动成本(元)	8.00	8.00
固定成本(元)	0	0
税前利润(元)	2 000.00	4 000.00

这次，徐总拿起了笔。"我计算一下，销售增长率是：(2 000－1 000)÷1 000＝100%；税前利润增长率是：(4 000－2 000)÷2 000＝100%。不存在固定成本时，销售增长率与税前利润增长率一致。原因就在于存在固定成本，对不对？"徐总问道。

老彭："是的。反过来说，如果存在固定成本，当销售量减少的时候，税前利润的缩减幅度也会超过销售量的缩减幅度，你把表 1-14 中的第一年和第二年的数据反过来看，就能得到。"

徐总："嗯，销售量从 2 000 瓶减少到 1 000 瓶，缩减幅度为 50%；税前利润就从 3 500 元减少到 1 500 元，缩减幅度为 57%。这有点类似功率放大器的作用。"

老彭："所以才叫杠杆。由于存在固定成本，销售量的变动引起税前利润更大幅度的变动，这种现象称为经营杠杆效应。"

"看来经营杠杆这个东西，在你顺风顺水的时候锦上添花；当你吃败仗走麦城的时候，落井下石。"徐总开玩笑道。

2. 经营杠杆系数

在徐总明白了经营杠杆的概念后，老彭又开始讲解经营杠杆的量化指标。

老彭："量化经营杠杆的指标是经营杠杆系数，它有以下几种计算方式。"

经营杠杆系数＝税前利润变动的百分比÷销售收入变动的百分比

经营杠杆系数＝（税前利润＋固定成本）÷税前利润

经营杠杆系数＝1＋固定成本÷税前利润

"经营杠杆系数越大，说明经营风险越高吗？"徐总问。

"固定成本越多，经营杠杆系数就越大，经营风险越高。"老彭总结道。

3. 经营杠杆系数与安全边际率的关系

徐总："你前面说过，经营杠杆与安全边际相关，它们之间是一种什么关系呢？"

老彭："它们之间的关系，可以用经营杠杆系数和安全边际率来表示。安全边际率和经营杠杆系数互为倒数。而安全边际率与保本点作业率之和等于1，所以只要计算出保本点，你就能知道经营杠杆高低，从而估算经营风险。"

徐总："反过来说，我测算出经营杠杆，也就能推算出安全边际？"

老彭："是的。另外，我提醒你啊，当销售增长很快时，公司可以通过增加固定成本投入或减少变动成本支出，来提高经营杠杆系数，以充分发挥正杠杆效应，获得更多的税前利润。但是，在市场衰退业务不振时，公司就应尽量压缩固定成本的开支，以减少固定成本的比重，降低经营杠杆系数，降低经营风险，避免杠杆效应放大亏损。"

第二章　全面预算:战略和计划数字化

老彭说:

全面预算是在制定公司长期战略的基础之上,根据经营计划编制的。

虽然全面预算存在一些潜在问题,但是作为一种管理计划工具,可以用于规划未来、协调沟通、业绩评价。

短期预算的预算期一般是1年;中期预算的预算期一般是2～3年。

常用的预算编制方法有:增量预算法、零基预算法、定期预算法、滚动预算法、固定预算法、弹性预算法和项目预算法等。各种预算方法都有优点和缺点,重要的是要恰当运用,适应管理场景。

编制全面预算有相对固定的步骤。编制一份年度预算的时间周期是比较长的,有的一些大公司可能会耗时一两个月才能完成预算编制工作。

预算就是画大饼，业绩全靠编吗

"运用本量利分析工具对公司的成本、销售量和目标利润进行分析以后，公司的前景确实清晰多了。我那个 100 万元的利润目标确实有点不着边际，得改一改，我设定为 35 万元。老彭，你觉得怎么样？"徐总开门见山。

"不怎么样，这个还是属于'拍脑袋决策'。"老彭实话实说。

"我的利润目标已经降低近七成了，你觉得还不合理？"徐总纳闷儿。

老彭："不是这个数字本身不合理，是你张口就说，没有任何依据，这就不合理。你最好在制定公司长期战略的基础之上，根据经营计划编制一份短期的全面预算。这些工作做完了，才能说这个利润目标是不是信口开河。"

"全面预算？嗨，你要是说其他的我不会反驳你，你要是提这个东西，我表示不服啦。"徐总的头摇得如同拨浪鼓。

"为什么？你这表情怎么看上去有点'此恨绵绵无绝期'的意思？"老彭打趣道。

"简直就是苦大仇深，以前我在酒厂做销售副总，财务部门总是拿这支鸡毛当令箭克扣了我许多年终绩效资金。"徐总的抱怨很深。

"哈哈，那肯定是你没有完成预算业绩目标吧！"老彭说道。

"财务部门那个部长，是从一个小会计师事务所'空降'来的，不管是生产现场还是销售一线，她一天也没有待过。到年底编预算，都是她在组织编制和向集团报告,也不听取我们业务部门的意见,最后集团批准的预算业绩目标,完全不符合实际情况,我能完成任务吗?"徐总满腹牢骚。

"你们业务部门不参与预算编制?"老彭纳闷儿。

徐总:"大部分是财务部闭门造车整的,我们销售部门就只对销售量、销售收入、销售费用填报几张表格,报给财务部门,反正最后也不按照我们提供的数据编制,就是走个形式而已。预算这个东西,没有什么用,纯粹是'画大饼',哄集团领导的。到年底我们完不成销售目标,财务部门又拿这个东西当'圣旨',这儿给你扣一点,那儿给你减一块。总之,我觉得预算就是纸上谈兵。

你想一想,上一年年末做预算时,就只确定一个唯一的销售量目标,所有预算数据全部围绕这个销售量目标转。又不是神仙,哪里猜得那么准?我每一年都给财务部门反映我只能预测一个大致的销售量区间,财务部门非要整这么一个固定值,我不认可,但是他们从来都不听。"

老彭:"哈哈,看来你是受过伤、流过泪,被财务部门踩躏过的销售战线老前辈。不过呢,你不能因为'一朝被蛇咬就十年怕井绳',把全面预算这个管理会计工具全盘否定了。"

"其实我不是全盘否定全面预算这个管理会计工具。我只是觉得如果预算编制不当,起不到应有的管理效果,劳神费力整那么一大堆表格纯属浪费时间。"徐总道。

老彭:"嗯,你的看法是有一定道理的,预算编制确实存在一些潜在问题。"

徐总:"你这话我爱听,有问题就承认有问题,不遮掩。有些干财务工作的人,总是摆出一副'我说的话,就是宇宙真理'的态度,动不动就给我们这些不懂财务知识的人搬公司的会计制度,很讨厌。"

老彭:"制度是人定的,制度执行也要靠人。实际上,全面预算存在潜在的问题,根源也在于人,而不是全面预算本身的问题,是编制全面预算的人对全面预算这个管理会计工具掌握得不到位。"

那么,预算编制到底有哪些潜在问题呢? 下面老彭又开始为徐总讲解。

全面预算的潜在问题

1. 业务部门预算编制参与度不够

"第一个潜在问题,就是以前你在酒厂遇到过的问题。这个问题可以归结为业务部门的管理者在预算编制过程中参与度不够,最终会产生消极情绪。当所有企业的员工都参与预算编制过程,并且最终对预算目标负责,预算的管理优势才能发挥出来。

"而你原来工作的酒厂,销售部门提供的数据只是财务部门编制预算时的参考依据,最终由财务部门确定销售数据,这种做法显然没有让销售部门高度参与预算过程。"老彭介绍道。

"是的,我们的销售人员,对预算都有抵触情绪,他们觉得预算就是为了限制他们的合理销售费用支出。尤其是当财务部门强调销售费用实际支出超过预算,不批准报销时,这种情绪尤其明显。"徐总补充道。

老彭:"全面预算的编制很强调参与性,所有业务部门都应当参与,财务部门作为全面预算的汇总编制部门,不能想当然地修改业务部门提供的预算数据,要与业务部门充分沟通协调。尤其是经营预算,要充分尊重业务部门的意见。但是，话又说回来，财务部门也不能任由业务部门操纵预算，它要站在整个企业的高度平衡业务部门的预算。当然，这就要求财务部门对业务部门的具体业务有足够的了解甚至精通。要做到这一点，确实也比较困难。"

2. 预算考核画地为牢

"第二点就是用预算目标来考核实际业绩画地为牢，用预算目标来考核实际业绩是很多公司的普遍做法，只是你的运气不好，遇到了乱考核。"老彭接着说道。

"是的，就是乱考核。"提到这件事徐总依然很生气。

老彭："不仅仅要求预算编制要切合实际，在预算考核时，也要具体问题具体分析。前面你提到，酒厂财务部以销售费用实际支出超过预算为理由，不批准报销，这种做法就值得商榷。销售费用该不该报销，不能仅仅以有没有超过预算标准来衡量，还要具体问题具体分析。预算考核，不能生搬硬套预算目标。预算与实际有差异，并不是问题；找到差异原因，分析对策，改进管理，才是预算应用的最终目的。如果拿着预算目标当大棒，甚至借故克扣'粮饷'，就完全脱离了预算应有的管理功能。"

3. 预算目标没有匹配责任承担

"与第二种情况相反，有一种全面预算的潜在问题，恰恰就是有预算无考核。预算年年都编制，但是完得成、完不成，都无关紧要，完不成就调整预算目标去将就实际情况。结果没有任何人为完不成预算目标承担责任。"老彭接着说。

"用预算目标去将就实际结果，这不是本末倒置，削足适履吗？"徐总也感到惊讶。

老彭："差不多二十年以前，我刚刚大学毕业时，在一家企业的财务部门工作过，那个企业就是这种状态。这种做法，会导致业务部门管理者不把预算当回事。其实这跟最高管理层对全面预算的态度有关系，如果最高管理层在控制经营和适应变化的过程中，没有有效地运用预算，其他人则会认为预算编制是不相干的，预算就形同虚设。"

4. 预算松弛

老彭："最后，还有一个潜在问题称为预算松弛，即夸大预算成本或少报预算收入来创造可以轻松达成的利润目标。这在预算编制过程中，会导致博弈的发生。业务部门的管理者谎报预算收入和成本，以制造预算松弛；而财务部门却想方设法纠正这个偏差。业务部门的管理者注意到财务部门的这种修正意图时，又加入额外更多的偏差量来弥补由财务部纠正偏差行为造成的损失。这样一来一往，预算编制过程进入一个恶性循环——业务部门的谎报和财务部门的纠偏差无休无止，最终预算失去控制，毫无价值。"

"说到关键点上了！"徐总立即道。"我在酒厂工作的时候，第一年，我根据实际预测结果，老老实实向财务部门报送销售量预算，结果财务部门非得给我加个10％的销售量。第二年我就学乖啦，少报10％，就算财务部门给我加个'帽子'，我也能完成。"

"那财务部门给你加帽子没有呢？"老彭问道。

"销售量基本上还算符合预测，不过他们把销售费用给我砍去一大块，简直防不胜防。到第三年，我连销售费用也只能虚报啦。"徐总实话实说。

老彭："哈哈，在预算编制过程中，砍费用这种操作，对财务部门来说，是太平常的手段。因为，预算不仅仅是目标制定的过程，实际上也是资源配置的过程。财务部门会认为，业务部门管理者可能为了增加分配到部门的资源，比如你刚才说的销售费用，就会以最有利于自己的方式来编制预算，而不是考虑公司的整体目标。这样他的工作就相对容易，有更多的产出，更好的报酬。"

"所以说啊，信任很重要。"徐总总结道。

老彭："我觉得不能单纯只强调信任的作用，要两手抓：一方面要信任各级管理者；另一方面还要运用各种管理会计手段来评价和激励，比如我以后会给你讲到的责任会计。不信任往往源于不了解，不了解又往往是因为信息不对称。在实务工作中我总结出一个经验，凡是财务部门管理会计水平较差的公司，或多或少都存在高级管理者对中下级管理者不信任的问题。这种问题，很大程度上源于财务部门作为信息系统，在管理控制方面没有起到很好的信息支持作用。当然，这是另外一个话题了，我们以后有机会再谈。"

全面预算的作用：规划未来、协调沟通、业绩评价

"稍微分析一下，全面预算就存在四个潜在的问题。老彭，你开的这个药方的副作用真大啊。"徐总半开玩笑地说道。

老彭："我不否认，预算编制中的确存在这样那样的潜在问题。可是，你不能只看缺陷而不管优势啊，抛开剂量谈毒性，那是耍流氓。用量得当，砒霜也可以治病；用量不当，喝纯净水也能噎死人。只要我们注意避免上述这些潜在问题，还是可以让全面预算发挥出它应有的管理功能的。"

于是，老彭开始介绍全面预算的作用。

1. 审视、规划未来

老彭："编制全面预算的用处之一，就是它可以促使管理者审视并规划未来。企业经营的开端是战略分析和战略规划。公司的战略描述了一个公司为实现其目标而遵循的总体方向。战略规划的期限比较长，一般会规划 5 年至 10 年。在战略的基础之上，公司应当制订短期的战术计划——全面预算。公司的短期经营目标，就是阶段性的目的地。全面预算就是指引公司达到这个目的地的导航仪。没有目标，公司经营就缺乏方向，无法预测经营中的各种问题，在事后也难以对结果做出合理的解释。实际上，通过审视与规划未来，预算过程确定了对未来的预期，也为应对生产经营过程中的各种不确定性做好了充分的准备。"

"我给你画个图吧。"老彭边说边画战略与预算关系的示意图（如图 2-1 所示）。

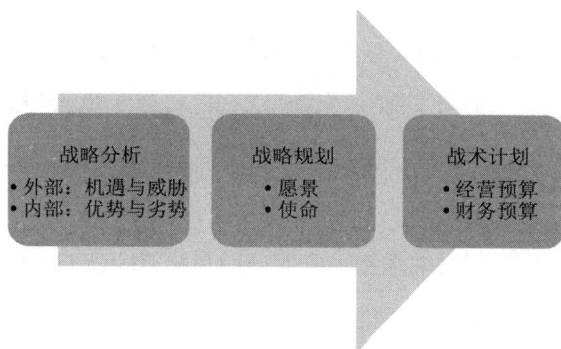

图 2-1　战略与预算关系示意图

"编制预算都是短期的，在战略规划期内不断重复，重复，再重复。它是从预算编制到管理改进的一个循环往复的过程。就像这个图（如图 2-2 所示）。"老彭接着道。

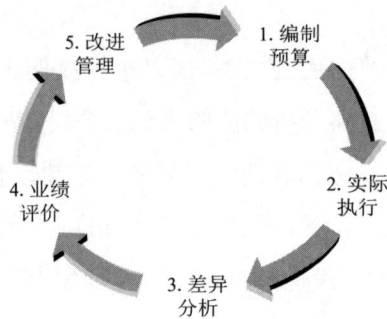

图 2-2　全面预算工作循环

"那预算期一般多长呢?"徐总问。

"短期预算的预算期一般是 1 年;中期预算的预算期一般是 2～3 年。"老彭答道。

"虽然你说预算可以审视与规划未来,但是,预算往往与实际结果偏差很大。"徐总说道。

老彭:"编制预算并不是要你当神仙,掐指一算就能前知 500 年,后知 500 年。对于企业经营而言,我们唯一能确定的事情,就是生产经营过程中充满了不确定性。既然如此,我们怎么可能编制出一份与实际情况完全相符的预算呢?

"编制预算是让我们对未来有一个明确的目标,让我们对通往目标的路径有清晰的描述,对可能的变化有所准备——这才是编制预算的意义。就好比,公司每年都组织消防演练,可是我们并不期望公司真的发生火灾。消防演练的意义在于,一旦发生火灾,所有员工都清楚逃生路径和逃生方法。"

2. 协调沟通组织目标

老彭:"全面预算的第二个用处是,在组织内部搭建起一种沟通的机制。最有效率的预算编制过程是自上而下又自下而上的信息充分的沟通交流过程。总经理在预算编制过程开始前,需要确定组织的预算目标;各业务部门的管理者围绕这个预算目标编制预算。在这个过程中,可以有效推动对未来风险和机遇的认识与交流。"

徐总:"如果像我原来工作的那个酒厂那样,财务部门关起门来编制预算,起不到这个效果。"

老彭:"是的。所以预算编制要强调参与性,各个业务部门都要参与进来。全面预算除了沟通作用,还可以起到协调各业务部门目标与利益的作用。全面预算迫使业务部门的管理者站在公司整体目标角度考虑问题,而不是只打自己的小算盘。部门目标要向公司整体目标妥协,部门利益要服从公司整体利益。"

"这要求公司总经理有较高的个人威信和很强的协调能力。"徐总道。

"是的,'以理服人'和'以力服人'的管理效果肯定不一样。预算涉及资源配置,本质上就是分蛋糕、划利益。哪个部门多一块,哪个部门少一块,需要总经理总体协调,该拍板要拍板,该定调要定调。资源配置不能撒胡椒面,更不能按亲疏远近分配、按'闹'分配。总原则是紧紧围绕公司预算目标设定资源配置。"老彭总结道。

徐总:"那你举个协调业务部门目标和公司总体目标的例子说说吧。"

老彭:"比如说,今年公司的总体目标是努力扩大市场占有率,那么在编制预算时,就要为销售部门配置更多的资源,加大促销费用投入,设定比较宽松的信用政策。站在信用管理部门的立场,放松信用政策,意味着应收账款回收难度加大,肯定对部门预算目标不利。但是,信用管理部门的领导不能仅仅站在部门立场考虑问题。这就需要更上一级的总经理来协调目标。总经理在审批预算编制过程中,就不能仅仅听取信用管理部门的意见,放松信用政策面临的困难有多大;也不能仅仅听取销售部门的意见,放松信用政策可以增加多少销售量。而应该要求信用管理部门仔细测算为了扩大市场占有率,公司可能面临的信用风险有多高;要求财务部门测算出公司可以承受的最大信用风险敞口是多少,切切实实掌握信用政策可以宽松到什么程度。"

徐总："跟炒股票一个道理，要事先设定好止损点。"

"不能无视风险只顾放，也不能畏惧风险只顾收，而要牢牢把握可以放到什么程度，该在什么时候收。"老彭接道。

"可是协调目标，往往伴随着博弈。"徐总道。

老彭："存在博弈并不是什么坏事情。实际上，最终的预算结果往往是各方都不十分满意，却又都能接受的一个妥协的结果。通过预算达成妥协，形成共同的目标，不是一件有意义的事情吗？没有什么十全十美的东西，企业经营充满了不确定性，就算编制了一份完美的预算，在经营过程中真的就可以依样画葫芦吗？"

"嗯，你说的有道理。"徐总点点头，表示同意。

3. 业绩评价

"预算还有一个用处，就是可以用来作为业绩评价的依据。"老彭继续往下介绍。"有的公司搞业绩评价，喜欢用历史数据，销售额今年比去年增长了多少个百分点，成本费用今年比去年降低了多少个百分点等。这种方法不是不可以，但是如果运用不当，可能存在问题。"

"有什么问题？"徐总表示自己的不解。

"历史数据就一定是好的吗？今年挣了 100 万元，而去年挣了 200 万元，就一定说明今年没有努力工作吗？"老彭反问。

"嗯，脱离开此时此刻的经营场景，来评价此时此刻的经营结果，会犯刻舟求剑的错误。"徐总表示自己理解了。

老彭："你的公司才开张，也没有历史数据让你去对比，你要评价业绩，只有老老实实编制一份全面预算。"

"是的。"徐总赞同。

老彭："相对于历史数据，我个人更倾向于用对未来的合理预期来评价业绩。管理目标也好，管理决策也罢，都是面向未来的。前面说了，预算是对未来的审视与规划，我们在此时此刻已经充分地考虑了未来各种可能的情况，那么，当我们到达未来时点，取得实际经营结果时，最好的评价依据就是彼时彼刻我们编制的面向此时此刻的全面预算。

"通过全面预算来评价业绩，还可以让员工对未来的责任有充分的预期。就是他心里清楚，完不成预算目标，将来会承担什么样的责任后果。"

"用我们老家的话来说就是：先说断，后不乱。"徐总点头笑道。

预算方法以及编制程序

徐总："看来预算这个东西，还真是有很大用处啊。那么怎么编制呢？"

老彭："在给你讲解全面预算编制方法和程序之前，我先说说全面预算的组成部分。"

1. 全面预算的组成部分

总体来说，全面预算包括两个重要的组成部分：经营预算和财务预算。其中经营预算又包括销售预算、生产预算、存货预算、生产成本预算（直接材料预算、直接人工预算、制造费用预算）、采购预算、销售费用预算、管理费用预算。所有这些经营预算的数据最终都会以不同的形式，汇总到财务预算中。

财务预算包括：资本支出预算、现金预算、预计资产负债表和预计利润表（如图 2-3 所示）。

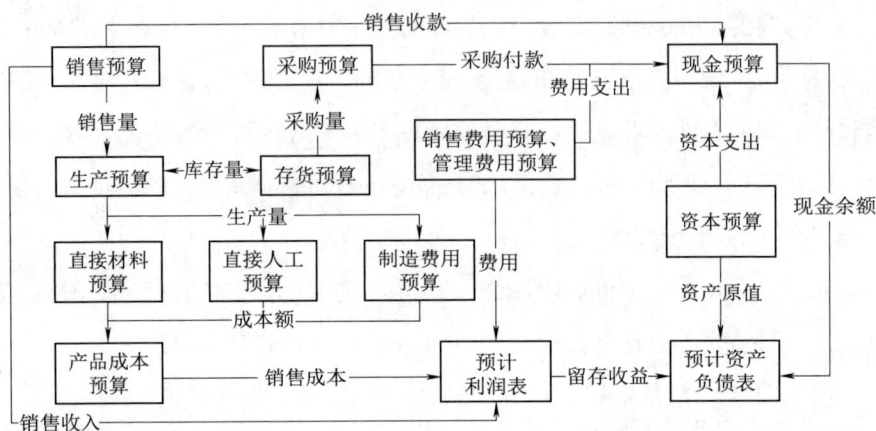

图 2-3　生产制造型公司的全面预算

徐总："好复杂啊。"

"这个图，我是按照生产制造型公司的全面预算来画的，你的公司是商贸型公司，不涉及产品生产过程，可以简化成这样（如图 2-4 所示）。"说着，老彭又向徐总展示了另一张图。

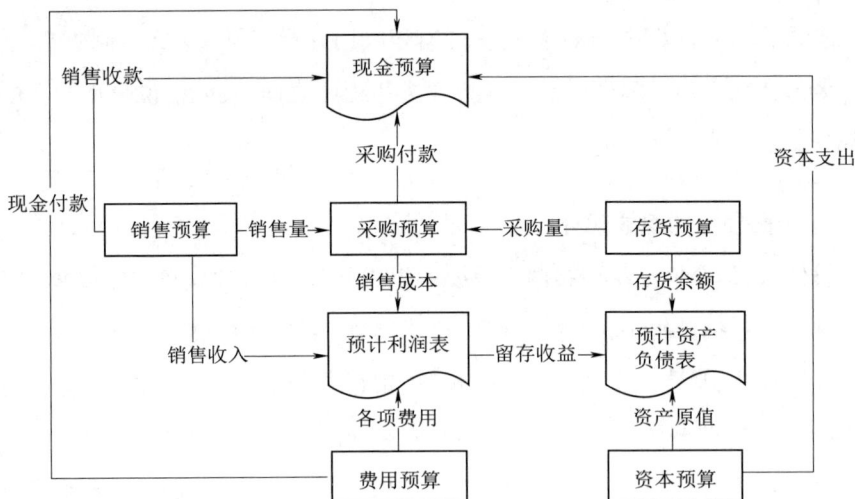

图 2-4　商贸型公司的全面预算

2. 全面预算的编制方法

"这些预算表是用什么方法编制的呢？是不同的预算表用不同的方法，还是全部预算表都是用同一个方法编制呢？"徐总接着问。

老彭："预算编制方法有很多种，不同的编制方法适用的预算对象不尽相同，具体要由企业根据实际情况确定。一般来说，不会只用一种方法，也不会是有多少张预算表就要用到多少种不同的编制方法。

"常用的预算编制方法有七种：增量预算法、零基预算法、定期预算法、滚动预算法、固定预算法、弹性预算法、项目预算法。"

以下是老彭为徐总讲解的七种详细方法。

(1) 增量预算法

增量预算法又称为调整预算法。这是一种以历史数据为基础，结合对预算期内各预算项目的预测结果，通过调整历史数据编制新预算的方法。这种编制方法，在实际运用时，以上一个年度的预算数据或者实际数据为编制起点，根据对经营环境的预测，调整预算项目。比如说，上一年销售费用是 100 万元，当年编制预算时，预测销售收入将增长 10%，销售收入与销售费用同比增长，那么今年预算销售费用 [(1+10%)×100] 万元为 110 万元。

"应用这种方法，是不是默认历史数据都是合理的？"徐总提问。

老彭："是的。这种方法假定未来是过去的延续，构成预算的因素不会有太大的变化。"

"这是刻舟求剑，不靠谱。商场如战场，瞬息万变，经营环境怎么可能长期保持原样。"徐总不赞同地道。

老彭："这个方法有个缺点，就是预算规模总是倾向于只增加不减少。但实际上，很多行业是有周期性的，销售增长并不是一直向上的。那么，这就容易导致我们之前说过的那个潜在问题：预算松弛。业务部门的管理者会通过上报比预测更少的销售收入、更多的成本费用，来产生表面上的有利差异。"

徐总："嗯，有公司用这种方法编制预算吗？"

"有的。其实政府部门编制预算适合用这种方法。它的好处就是简便，编制工作量小，我们'老财'最喜欢。"老彭笑道。

徐总："哈哈。"

老彭："我觉得当老板投资经营企业，或者当总经理管理企业，都应该抽出一点时间来学习一些基础的财务、会计知识，虽然不用亲自去干具体的工作，但也要对这些基本概念、基本方法有个清楚的认识，知道正确的应用场景。"

(2) 零基预算法

"与增量预算法相对的方法是零基预算法。它不以历史数据为基础编制，一切从预算期间的需要出发，分析各预算项目的合理性，从零开始编制预算。"老彭接着说。

"也就是说，不管以前怎么样，全部推倒重来，完全面向未来，是这个意思吗？"徐总问。

老彭："是这个意思。零基预算编制完全不受前期费用项目和费用水平的制约，一切向前看。编制零基预算，首先要明确未来的行动计划，并且为每一项行动配置财务资源，估算相关的成本。这些行动计划将被逐一审视，是不是应该实施？如果不实施会有什么后果？有没有成本更低的替代方案等？最后，一些行动计划被取消，另外一些则被保留在预算中。"

徐总："那么这种方法的工作量肯定比增量预算法的工作量大。"

老彭："是的，零基预算法的工作量比增量预算法大很多。它有一个缺点：这种预算方法会鼓励预算部门尽量消耗完预算期间所有分配的资源。"

"你指的是到年底突击花钱？"徐总很直白。

老彭："是的。预算部门会担心现在不花掉预算，过了这个村，就没有那个店。"

（3）定期预算法

"我记得，在酒厂工作时，编制预算一般都是在年末。"徐总似是回忆道。

"其实编制预算不一定都是在年末，也有可能在季末、月末。这种固定期间的预算编制方法就是定期预算法。这种方法以固定不变的会计期间作为预算期间来编制预算，保证预算期间与会计期间在时间上匹配，其目的是便于会计报告的数据与预算的数据相比较，考评预算的执行结果。"老彭顺着徐总的话介绍起了第三种预算法。

"经营活动是连续不断的过程。人为地把经营活动割裂成一个又一个间隔相等的期间，合理吗？"徐总不禁问道。

老彭："合理不合理要看具体的应用场景。如果经营活动有周期性，比如以一个年度为期间，周而复始，应用定期预算法是合适的。为了解决你所担心的不合理问题，可以应用另外一种预算编制方法。"

（4）滚动预算法

接着老彭讲解了第四种预算方法：滚动预算法。

"滚动预算法又称为连续预算法。它是在上一个预算期间结束的基础上，紧接着编制下一个期间的预算。这种方法能使预算与经营活动保持动态一致。"老彭道。

"我没有搞明白。"徐总挠挠头。"有什么不同呢？ 定期预算法，不也是一年接着一年地编制吗？"

老彭："滚动预算法的时间跨度是恒定不变的，无论是在 1 月还是在 8 月，公司总是处于年度预算的第一个月，预算期间始终是 12 个月。而定期预算法，在一年之内，预算的期间跨度不断缩短，如果在 1 月末，那么预算期间还剩下 11 个月，如果到了 8 月末，预算期间就只剩下 4 个月了。"

徐总："那每过一个月，是不是就要继续编制下一个月的预算来补齐一年的预算期间跨度？"

老彭："不仅仅是补齐下一个月的预算，还要根据新的经营情况修订前面 11 个月的预算，这是逐月滚动的做法。也有逐季滚动的，甚至有逐月、逐季混合滚动的做法。"

"你能不能解释得更直观一点？"徐总要求道。

老彭："那我还是画个逐月滚动的图吧，看图（如图 2-5 所示）说话最直观。

预算期间	2021 年												2022 年		
	1 月	2 月	3 月	4 月	5 月	6 月	7 月	8 月	9 月	10 月	11 月	12 月	1 月	2 月	3 月
2021 年 1 月															
2021 年 2 月															
2021 年 3 月															

图 2-5　滚动预算法

"在 2021 年 1 月末，要根据当月预算的执行结果，以及对 2022 年 1 月份经营环境的预测，修订 2021 年 2 月至 12 月的预算，同时补充 2022 年 1 月的预算，其他月份依此类推。"

徐总："这个预算方法好，把当前发生的和未来将要发生的变化全部反映在预算里面了。"

老彭："滚动预算的优势就是把复杂的经营过程分解成一个又一个易于考核评价的段落。如果管理者一直拥有一个完整的预算数据期间，那么他们更愿意以一种长远的视角来做出经营管理决策，而不是仅仅关心与年度预算有关的事情。"

"在定期预算法下，年度预算所涵盖的期间随着时间推移越来越短，时间紧、任务重，谁还有心思考虑长远的事情呢?"徐总不禁问道。

(5)固定预算法

老彭："根据编制预算的业务量水平不同，预算方法又可以分为固定预算法和弹性预算法。

"固定预算法又称为静态预算法。用这种方法在编制预算时，只根据预算期内正常的、可实现的某一个固定业务量水平(如生产量、销售量)作为唯一的编制基础来编制预算。"

徐总："哦，我以前工作的酒厂采用的就是这个预算编制方法。财务部门只让我测算一个最有可能实现的销售量发给他们，然后他们再在这个基础上调整。销售预测，实际上只能大致预测一个最有可能的销售量实现区间，精确预测到某一个确定的销售量是非常困难的，几乎是不可能完成的任务。"

老彭："嗯，区间估计值比单纯的点估计值更符合实际情况一些。固定预算法的适应性和可比性都比较差，尤其是产销量并不是很稳定的企业，应用这个方法就不太合适。"

"那像这种企业采用什么预算方法比较合适呢?"徐总问道。

(6)弹性预算法

"弹性预算法更合适一些。弹性预算法又称为动态预算法。你还记得前面我跟你说过的成本性态分析吗?"老彭答道。

徐总："当然记得。"

老彭："弹性预算法就是要在成本性态分析的基础之上，根据业务量、成本、利润之间的函数关系，按照预算期内相关的业务量水平，计算其相应预算项目所消耗的资源。一般来说，弹性预算法主要用于编制成本费用预算和利润预算。弹性预算也可以作为一种分析工具，以确定实际结果与预算水平之间的差异。"

(7)项目预算法

"另外，还有一种预算编制的方法，叫作项目预算法。它的预算期间与项目的持续时间一致。"老彭继续道。

徐总："那么预算期间有可能就不是固定的一年、一个季度或者一个月，对吧?"

老彭："是的。虽然预算期间也可以按年度、季度、月度来分解，但总的预算期间不一定是固定的一年、一个季度或者一个月。另外，项目预算法只关注与项目有关的成本和费用，而不关注整个企业的成本和费用。这样就很容易衡量单一项目的业绩。"

3. 全面预算的编制程序

老彭向徐总说完预算编制的方法，接着又讲了全面预算的编制程序和步骤。

(1)首先是提出总的预算目标，确定预算前提。这一般是由企业的决策层通过预算指令的方式下达。

(2)各业务部门开始草编经营预算，他们需要制订行动计划，在行动计划基础上预计需要配置的资源(人员计划、设备投资计划、费用支持计划等)，计算可能消耗的成本与费用，把这些汇总编制成经营预算。

(3)财务部门根据各业务部门的经营预算，编制财务预算，并汇总编制全面预算的初稿上报给决策层。

(4)决策层审查、平衡各项预算，该删的删，该减的减，该新增的新增。

(5)总经理批准预算，上报董事会批准。如果董事会没有驳回或者要求修订，那么预算就算定稿。

(6)最后，预算被下达给各业务部门遵照执行。

徐总："步骤蛮多，流程蛮长的啊。"

老彭："是啊，有的公司编制年度全面预算，来来回回，差不多要消耗一两个月的时间。"

徐总的酒类销售公司的年度预算表

"那我把公司的预算前提告诉你,你能不能把整个预算编制过程演示一遍?"徐总向好朋友提出请求。

老彭:"可以啊,我们一起编制一个简化的草稿。不过这不能作为公司的正式预算表,因为在这个过程中为了简化计算,我们要假定一些条件,这不一定符合公司的实际情况,具体详细的预算表你还要另外重新编制。"

1. 经营预算

"虽然你这个公司的业务不复杂,但是预算表至少也要编制十来张吧。"老彭开口道。

徐总:"这么多表啊,那我们先从哪张预算表开始编制呢?"

老彭:"从销售预算开始。销售预算是经营预算的编制起点,同时也是整个全面预算的编制起点。你把销售预算的前提给我说一说。"

徐总:"销售量已经测算过了,所有单品的合计销售量区间在 11 500 瓶到 12 500 瓶之间。娇阳 52 度销售量占总销售量的比率可以达到 60%,皓月 48 度和清风 38 度的销售量占总销售量的比率都是 20%。"

老彭:"虽然用弹性预算法编制要合理一些,但我们现在只是草拟一个初稿来演示,为简化计算,我们就取算术平均数,将合计销售量确定为 12 000 瓶,先以固定销售量来编制吧。"

徐总:"我初步测算了一下各销售部门的销售量,店面零售是等人上门的生

意,销量不会太大。泰山路店所处地段繁华一些,销售量预计占总销售量的
18%;黄河路店偏僻一点,销售量预计占总销售量的12%;销售员张三是老销售
员,业务能力强,人脉广泛,预计他销售的团购销售量能占到总销售量的42%;
销售员李四才入行,要差一些,我帮一帮他,预计他销售的团购销售量能占到总
销售量的28%。细分到各单品,也基本上保持上述比例。

"销售单价和采购单价都是酒厂制定的,我没有定价权,之前给你看过进销
价格表了,见表1-6。"

老彭:"那我先按照你说的这些信息,编制一份总括的销售预算表。"见
表2-1。

表2-1 销售预算表(总表)

预算项目	娇阳52度	皓月48度	清风38度	合 计	备 注
泰山路店(瓶)	1 296	432	432	2 160	销售量占预计总销售量的18%
黄河路店(瓶)	864	288	288	1 440	销售量占预计总销售量的12%
销售员张三(瓶)	3 024	1 008	1 008	5 040	销售量占预计总销售量的42%
销售员李四(瓶)	2 016	672	672	3 360	销售量占预计总销售量的28%
合计销售量(瓶)	7 200	2 400	2 400	12 000	各单品销量比例为6∶2∶2
销售单价(元/瓶)	1 040.00	455.00	135.00		
泰山路店(元)	1 347 840	196 560	58 320	1 602 720	
黄河路店(元)	898 560	131 040	38 880	1 068 480	
销售员张三(元)	3 144 960	4 58 640	136 080	3 739 680	
销售员李四(元)	2 096 640	305 760	90 720	2 493 120	
合计销售额(元)	7 488 000	1 092 000	324 000	8 904 000	

"销售预算的主要内容包括销售数量、销售单价和销售收入。销售预算可以分很多种维度来编制，比如分品种、销售区域、销售部门来编制。我是以分酒类单品和销售部门这两个维度来编制的。"老彭接着道。

徐总："这个销售预算为什么没有细分到季度呢？白酒销售的季节性比较明显，一般来说4月份至8月份是销售淡季，9月份至来年的3月份是销售旺季。我测算了一下，预计一季度销售量能占到全年销售量的38%；二季度占13%；三季度占17%；四季度占32%。"

"是要细分的，只不过没有在这张总括的销售预算表上体现。因为内容太多的话，表太大，不便于查看。我再另外编制一份分单品的季度销售预算表。因为要根据信用政策预计销售收款，所以销售预算中的销售额必须要细分到具体的各季度。你看这两个表（见表2-2、表2-3）。"说着老彭在纸上列了起来。

表 2-2　单品分季度销售预算表

预算项目	第一季度	第二季度	第三季度	第四季度	合　　计
娇阳52度（瓶）	2 736	936	1 224	2 304	7 200
皓月48度（瓶）	912	312	408	768	2 400
清风38度（瓶）	912	312	408	768	2 400
合计销售量（瓶）	4 560	1 560	2 040	3 840	12 000
娇阳52度（元）	2 845 440.00	973 440.00	1 272 960.00	2 396 160.00	7 488 000.00
皓月48度（元）	414 960.00	141 960.00	185 640.00	349 440.00	1 092 000.00
清风38度（元）	123 120.00	42 120.00	55 080.00	103 680.00	324 000.00
合计销售额（元）	3 383 520.00	1 157 520.00	1 513 680.00	2 849 280.00	8 904 000.00

徐总："我确定的信用政策是销售门店零售部分全部现款现货，不准赊销；团购送货的销售允许赊销，但是不能超过总销售额的30%，付款期限不能超过一

个季度。"

老彭："在这个信用政策的基础上，我们就可编制分季度的销售收款预算了。为简化计算，我们直接假定门店零售销售额占总计销售额的比例为 30%，团购送货销售额占总计销售额的比例为 70%。"

表 2-3 分季度销售收款预算表　　　　单位：元

预算项目	第一季度	第二季度	第三季度	第四季度	合　计	备　注
门店零售销售额	1 015 056.00	347 256.00	454 104.00	854 784.00	2 671 200.00	门店零售销售额占总计销售额的比例为 30%
团购送货销售额	2 368 464.00	810 264.00	1 059 576.00	1 994 496.00	6 232 800.00	团购送货销售额占总计销售额的比例为 70%
合计销售额	3 383 520.00	1 157 520.00	1 513 680.00	2 849 280.00	8 904 000.00	各季度合计销售额参见表 2-2"单品分季度销售预算表"
门店零售收款	1 015 056.00	347 256.00	454 104.00	854 784.00	2 671 200.00	现款现货 100%
团购送货收款（第一季度）	1 657 924.80	710 539.20			2 368 464.00	现款现货 70%，三个月后收款 30%
团购送货收款（第二季度）		567 184.80	243 079.20		810 264.00	现款现货 70%，三个月后收款 30%
团购送货收款（第三季度）			741 703.20	317 872.80	1 059 576.00	现款现货 70%，三个月后收款 30%
团购送货收款（第四季度）				1 396 147.20	1 396 147.20	第四季度应收账款余额：1 994 496.00×30%＝598 348.80
收款合计	2 672 980.80	1 624 980.00	1 438 886.40	2 568 804.00	8 305 651.20	

"你假定所有的赊销销售额都在季度末才回款？"徐总看到表后问。

老彭："是的。既然没有办法预测具体的回款时间，那就只能忽略季度中间回款，全部假定在季度末。这个表的合计销售收入最终会作为收入项目列入预计利润表中，销售收款结果，最终要作为一项现金流入，汇总到现金预算当中。"

"我明白了。那销售预算表编制完了，接下来编制什么预算呢？"徐总催着老彭。

老彭："接下来要编制存货预算。通常来说，公司做不到零库存，一定会有库存余额，所以，我们需要按各单品分别编制存货预算表。"

"嗯，是的。"徐总点头表示同意。"不可能做到零库存，一般来说，我控制的期末库存量约等于下一季度销售量的10%。"

"那么第四季度的库存量如何确定呢？"老彭问道。

徐总："现在只能大致估算一个，就按一个固定的数值计算吧。"

表2-4　娇阳52度存货预算表　　　　单位：瓶

单品名称	预算项目	第一季度	第二季度	第三季度	第四季度	合　计	备　　注
娇阳52度	期初存货	0	94	122	230		下季期初存货等于上季期末存货
	本期采购	2 830	964	1 332	2 174	7 300	
	本期销售	2 736	936	1 224	2 304	7 200	参见表2-2单品分季度销售预算表
	期末存货	94	122	230	100		前三季度期末存货是下一季销售量的10%，四季度期末存货100瓶

表 2-5　皓月 48 度存货预算表　　　　　　　　　　　单位:瓶

单品名称	预算项目	第一季度	第二季度	第三季度	第四季度	合　计	备　　注
皓月48度	期初存货	0	31	41	77		下季期初存货等于上季期末存货
	本期采购	943	322	444	871	2 580	
	本期销售	912	312	408	768	2 400	参见表2-2单品分季度销售预算表
	期末存货	31	41	77	180		前三季度期末存货是下一季销售量的10%,四季度期末存货180瓶

表 2-6　清风 38 度存货预算表　　　　　　　　　　　单位:瓶

单品名称	预算项目	第一季度	第二季度	第三季度	第四季度	合　计	备　　注
清风38度	期初存货	0	31	41	77		下季期初存货等于上季期末存货
	本期采购	943	322	444	811	2 520	
	本期销售	912	312	408	768	2 400	参见表2-2单品分季度销售预算表
	期末存货（瓶）	31	41	77	120		前三季度期末存货是下一季销售量的10%,四季度期末存货120瓶

"每个表中的逻辑关系是什么呢?"徐总问道。

老彭:"有三个逻辑关系。首先,上一季度的期末存货数量等于下一季度的期初存货数量。因为公司才开张,所以第一季度的期初存货量设为0。

"第二个逻辑关系是:上一季度的期末存货数量等于下一季度销售量乘以10%,当然,第四季度的期末存货数量是按固定的数值填写的。

"第三个逻辑关系是:期初存货数量＋本期采购数量＝本期销售数量＋期末存货数量。"

"通过第三个逻辑关系,你就算出了采购数量,对吧?"徐总看明白了。

"是的。"老彭点头。"本期销售数量来自单品分季度销售预算表（表 2-2），而采购数量是通过这个关系计算出来的。计算出采购数量，那采购额和采购付款额也就可以预算了。"

"采购付款是没有付款信用期的，全部是现款现货。"徐总补充道。

采购预算表编制出来是这样的，见表 2-7。

表 2-7 采购预算表

单品	预算项目	第一季度	第二季度	第三季度	第四季度	合　计
娇阳52度	采购量（瓶）	2 830	964	1 332	2 174	7 300
	采购单价（元）	800.00	800.00	800.00	800.00	
	采购额（元）	2 264 000.00	771 200.00	1 065 600.00	1 739 200.00	5 840 000.2
皓月48度	采购量（瓶）	943	322	444	871	2 580
	采购单价（元）	350.00	350.00	350.00	350.00	
	采购额（元）	330 050.00	112 700.00	155 400.00	304 850.00	903 000.00
清风38度	采购量（瓶）	943	322	444	811	2 520
	采购单价（元）	100.00	100.00	100.00	100.00	
	采购额（元）	94 300.00	32 200.00	44 400.00	81 100.00	252 000.00
合计采购额（元）		2 688 350.00	916 100.00	1 265 400.00	2 125 150.00	6 995 000.00
合计现金支付额（元）		2 688 350.00	916 100.00	1 265 400.00	2 125 150.00	6 995 000.00

老彭："采购预算中的现金支付额最终会作为现金流出汇总到现金预算当中。"

"我的公司不涉及生产环节，直接用采购预算就可以了。涉及生产环节的企业，比如酒厂的预算，是不是还要包括生产预算和直接材料预算、直接人工预算、制造费用预算？"徐总举一反三。

老彭："是的，在前面讲解全面预算的组成部分时，我谈到过。接下来要编制费用预算。费用预算包括销售费用预算和管理费用预算。销售费用有点复杂，主要是内容有点多。这样吧，我分销售部门一个一个地说。"

徐总："我先说泰山路店。一年的店面租金是 36 万元；每个月水电费用差不多 500 元；每个月办公杂费差不多 600 元；店面营业员 2 人，每人每月固定工资是 2 500 元;销售提成占店面零售销售额的比例为 3%(假定泰山路店各季度销售额占当季合计销售额的比例为 18%)。"

"店面在开业前要装修吧? 店面还有其他固定资产没有?"老彭问道。

徐总:"当然要装修,已经快完工了,装修费用 12 万元,店里要配一台自动收银机,采购价 1 800 元。"

"那泰山路店的销售费用预算要把自动收银机的折旧额和装修费用的摊销额包括进来。"说着,老彭编制出一张预算表(见表 2-8)。

表 2-8　泰山路店销售费用预算表　　　　　　　单位:元

部　门	预算项目	第一季度	第二季度	第三季度	第四季度	合　　计	备　　注
泰山路店	店面租金	90 000.00	90 000.00	90 000.00	90 000.00	360 000.00	30 000 元/月
	水电费	1 500.00	1 500.00	1 500.00	1 500.00	6 000.00	500 元/月
	店面装修摊销	6 000.00	6 000.00	6 000.00	6 000.00	24 000.00	装修费总额120 000元,摊销期 5 年
	办公杂费	1 800.00	1 800.00	1 800.00	1 800.00	7 200.00	600 元/月
	自动收银机折旧	150.00	150.00	150.00	150.00	600.00	资产原值 1 800 元,折旧年限为 3 年,预计净残值为 0
	店员工资	15 000.00	15 000.00	15 000.00	15 000.00	60 000.00	2 500 元/人,每店2 人
	店员销售提成	18 271.01	6 250.61	8 173.87	15 386.11	48 081.60	销售提成占店面零售销售收入比率为 3%。泰山路店销售额占当季合计销售额的比例为 18%,各季度合计销售额引自表 2-2 单品分季度销售预算表
泰山路店费用合计		132 721.01	120 700.61	122 623.87	129 836.11	505 881.60	
现金支付合计		126 571.01	114 550.61	116 473.87	123 686.11	481 281.60	扣除折旧与摊销额,其他费用都在发生时现金支付

徐总："再说黄河路店。一年的店面租金是 24 万元；每个月水电费用差不多
500 元；每个月办公杂费差不多 200 元；店面营业员 2 人，每人每月固定工资是
2 500 元；销售提成占店面零售销售额的比例为 3%（假定各季度黄河路店销售
额，占当季合计销售额的比例为 12%）。哦，还有一台自动收银机，采购价也是
1 800 元；店面装修费用 10 万元。还是你计算一个折旧额和摊销额吧。"

老彭经过计算之后给出下面表格（见表 2-9）。

表 2-9　黄河路店销售费用预算表　　　　　　单位：元

部　门	预算项目	第一季度	第二季度	第三季度	第四季度	合　　计	备　　注
黄河路店	店面租金	60 000.00	60 000.00	60 000.00	60 000.00	240 000.00	20 000 元/月
	水电费	1 500.00	1 500.00	1 500.00	1 500.00	6 000.00	500 元/月
	店面装修摊销	5 000.00	5 000.00	5 000.00	5 000.00	20 000.00	装修费总额100 000 元，摊销期 5 年
	办公杂费	600.00	600.00	600.00	600.00	2 400.00	200 元/月
	自动收银机折旧	150.00	150.00	150.00	150.00	600.00	资产原值 1 800 元，折旧年限为 3 年，预计净残值为 0
	店面工资	15 000.00	15 000.00	15 000.00	15 000.00	60 000.00	2 500 元/人，每店 2 人
	店员销售提成	12 180.67	4 167.07	5 449.25	10 257.41	32 054.40	销售提成占店面零售销售收入比率为 3%。黄河路店销售额占当季合计销售额的比例为 12%，各季度合计销售额引自表 2-2 单品分季度销售预算表
黄河路店费用合计		94 430.67	86 417.07	87 699.25	92 507.41	361 054.40	
现金支付合计		89 280.67	81 267.07	82 549.25	87 357.41	340 454.40	扣除折旧与摊销额，其他费用都在季度末现金支付

"销售员张三和李四的销售费用要简单一些，就只有每个月固定工资 4 000 元和销售提成。销售提成按其经办的团购送货销售额的比率为 3%（假定各季度张三和李四实现的销售额占当季合计销售额的比例分别为 42% 和 28%）。"徐总接着说。

老彭经过计算也给出了张三和李四的销售费用预算表（见表 2-10、表 2-11）。

表 2-10　销售员张三销售费用预算表　　　　单位:元

部　门	预算项目	第一季度	第二季度	第三季度	第四季度	合　　计	备　　注
销售员张三	月固定工资	12 000.00	12 000.00	12 000.00	12 000.00	48 000.00	4 000 元/月
	销售提成	42 632.35	14 584.75	19 072.37	35 900.93	112 190.40	销售提成占店面零售销售收入比率为3%。张三实现销售额占当季合计销售额的比例为42%,各季度合计销售额引自表2-2单品分季度销售预算表
销售员张三费用合计		<u>54 632.35</u>	<u>26 584.75</u>	<u>31 072.37</u>	<u>47 900.93</u>	160 190.40	
现金支付合计		<u>54 632.35</u>	<u>26 584.75</u>	<u>31 072.37</u>	<u>47 900.93</u>	160 190.40	在季末现金支付

表 2-11　销售员李四销售费用预算表　　　　单位:元

部　门	预算项目	第一季度	第二季度	第三季度	第四季度	合　　计	备　　注
销售员李四	月固定工资	12 000.00	12 000.00	12 000.00	12 000.00	48 000.00	4 000 元/月
	销售提成	28 421.57	9 723.17	12 714.91	23 933.95	74 793.60	销售提成占店面零售销售收入比率为3%。李四实现销售额占当季合计销售额的比例为28%,各季度合计销售额引自表2-2单品分季度销售预算表
销售员李四费用合计		<u>40 421.57</u>	<u>21 723.17</u>	<u>24 714.91</u>	<u>35 933.95</u>	122 793.60	
现金支付合计		<u>40 421.57</u>	<u>21 723.17</u>	<u>24 714.91</u>	<u>35 933.95</u>	122 793.60	在季末现金支付

老彭："我把这四个部门的销售费用汇总到一起，就可以得到汇总销售费用预算表（见表 2-12）。"

表 2-12　汇总销售费用预算表　　　　　单位：元

预算项目	第一季度	第二季度	第三季度	第四季度	合　　计
销售费用合计	322 205.60	255 425.60	266 110.40	306 178.40	1 149 920.00
现金支付合计	310 905.60	244 125.60	254 810.40	294 878.40	1 104 720.00

"咦，为什么销售费用合计与现金支付合计有差异？"徐总疑惑。

老彭："因为自动收银机的折旧额和装修费用的摊销额虽然计入销售费用，但是没有现金流出啊。

"汇总销售费用预算表中的销售费用合计数，会作为费用项目汇总入预计利润表中；现金支付合计数，会作为现金流出汇总入现金预算当中。接下来我们制作管理费用预算表。"

于是徐总又接着说道："管理费用的预算项目也比较多。出纳人员的工资一年为 4.8 万元；我担任总经理的工资一年为 12 万元；停车过路费用每月差不多800 元；车辆的保险费用一年 3 000 元；油耗一年 8 000 元；会计外包费用一个月500 元。长安面包车采购价 4.5 万元，请你算一算折旧额。另外，还有一个业务费用，请你按各季度合计销售额的 3% 来计算吧。业务费用是我来决定支付，销售员如果有业务活动支出，要事先向我申请。"

于是老彭把徐总说的这些汇总起来，得到管理费用预算表（见表 2-13）。

表 2-13　管理费用预算表　　　　　单位：元

预算项目	第一季度	第二季度	第三季度	第四季度	合　　计	备　　注
出纳工资	12 000.00	12 000.00	12 000.00	12 000.00	48 000.00	4 000 元/月
总经理工资	30 000.00	30 000.00	30 000.00	30 000.00	120 000.00	10 000 元/月
业务费用	101 505.60	34 725.60	45 410.40	85 478.40	267 120.00	各季度业务费用占当季合计销售额的比率为 3%，各季度合计销售额引自表 2-2 单品分季度销售预算表

续上表

预算项目	第一季度	第二季度	第三季度	第四季度	合　　计	备　　注
长安之星小货车折旧	2 250.00	2 250.00	2 250.00	2 250.00	9 000.00	原值 45 000 元，5 年摊销，预计净残值为零，直线法
停车过路费	2 400.00	2 400.00	2 400.00	2 400.00	9 600.00	800 元/月
车保险	750.00	750.00	750.00	750.00	3 000.00	3 000 元/年
车保养维修	500.00	500.00	500.00	500.00	2 000.00	2 000 元/年
车油耗	2 000.00	2 000.00	2 000.00	2 000.00	8 000.00	8 000 元/年
会计外包	1 500.00	1 500.00	1 500.00	1 500.00	6 000.00	500 元/月
费用合计	152 905.60	86 125.60	96 810.40	136 878.40	472 720.00	
现金支付合计	150 655.60	83 875.60	94 560.40	134 628.40	463 720.00	扣除折旧与摊销额，其他费用都在季度末现金支付

"管理费用预算表中的费用合计数，会作为费用项目汇总入预计利润表中；现金支付合计数，会作为现金流出汇总入现金预算当中。"老彭总结道。"不过还有一项很重要的资本投资预算没有做。"

徐总："资本投资预算是什么，是指我作为投资人，预计将要在下一年还要投入多少资本金吗？我在开业前投入 150 万元，在第四季度末的时候为备货还要再投入 50 万元。"

老彭："资本投资预算与投入资本金没有关系，这个'资本'实际上是指长期资产，就是跨越多个经营期间的资产，比如机器设备、运输车辆、车间厂房等。这些资产不是在一个经营期间就全部消耗完毕，它们以折旧的形式在多个经营期间消耗并结转入成本或费用当中。"

徐总："就是我买的那个长安面包车和自动收银机吧？"

老彭："你可以这样理解。当然，还包括你装修店面的支出，这个支出也是在多个经营期间消耗完毕的。"

徐总："我明白了。那么资本投资预算应该有四个项目：采购长安面包车、采购收银机以及两个店面的装修支出。"

老彭听完，把这些汇总编制成资本投资预算表（见表2-14）。

表 2-14　资本投资预算表　　　　单位：元

预算项目	资产原值	第一季度付款	第二季度付款	第三季度付款	第四季度付款	合　计	备　注
黄河路店装修支出	100 000.00	80 000.00		20 000.00		100 000.00	开业前装修竣工验收，装修费款项分两次支付，一季度支付80%，三季度支付20%
泰山路店装修支出	120 000.00	96 000.00		24 000.00		120 000.00	开业前装修竣工验收，装修费分两次支付，一季度支付80%，三季度支付20%
采购长安车1台	45 000.00	45 000.00				45 000.00	开业前支付
采购自动收银机2台	3 600.00	3 600.00				3 600.00	开业前支付
合计	268 600.00	224 600.00		44 000.00		268 600.00	

老彭："资本投资预算中的合计付款额，会作为现金流出项目汇总入现金预算当中。"

徐总："经营预算应该完成了吧？"

老彭："是的，接下来要把经营预算的结果汇总入财务预算当中。财务预算包括现金预算、预计利润表和预计资产负债表。你的公司小，只有你一个股东，又不存在对外负债，所以我们就不用编制预计资产负债表了。"

2. 财务预算

接着老彭和徐总一起开始做财务预算的表格。

老彭："现金预算汇总了经营预算中所有的现金收支项目和金额，目的在于平衡现金的余缺。现金不够，你就要想办法，或是找银行借款，或是拉投资人投资，总而言之，要把这个缺口补上。当然，有时不是现金缺口，而是现金盈余，那你就要想办法高效率运用这一部分资金，不要让它躺在账户上睡大觉，该投资的投资，该分红的分红。我说的这个'现金'是广义上的现金，不是单纯指你手里面的人民币，也包括银行存款、银行汇票等支付手段。"

徐总："经营过程当中不是持续不断地在产生现金流吗？为什么还会出现短缺的情况。"

老彭："因为时间，时间是个魔术师。收支在时间上的错配，就会导致现金短缺。比如，除非信用政策完全是现款现货，否则一定有应收账款；有应收账款，就有可能出现坏账。当你该收的收不回来，该付的又必须支付，而你账上的钱又不够支付的时候，你是不是就有了现金短缺？"

徐总："哦，我理解你的意思啦。那么现金预算就非常重要啊，可以对未来的现金收支状况提前作好准备。"

老彭："是的。我个人比较倾向于逐月滚动现金预算，它能步步为营，牢牢把控现金流，调节余缺。现金预算见表 2-15。"

表 2-15　现金预算表　　　　　　　　　　单位:元

预算项目	第一季度	第二季度	第三季度	第四季度	合　计	备　注
期初现金余额	1 500 000.00	798 469.60	1 179 348.40	959 464.00		第一季度期初余额为股东投入的注册资本资金
销售现金收入	2 672 980.80	1 624 980.00	1 438 886.40	2 568 804.00	8 305 651.20	数据引自表 2-3 分季度销售收款预算表

续上表

预算项目	第一季度	第二季度	第三季度	第四季度	合　计	备　注
存货采购支出	2 688 350.00	916 100.00	1 265 400.00	2 125 150.00	6 995 000.00	数据引自表2-7采购预算表
销售费用现金支出	310 905.60	244 125.60	254 810.40	294 878.40	1 104 720.00	数据引自表2-12汇总销售费用预算表
管理费用现金支出	150 655.60	83 875.60	94 560.40	134 628.40	463 720.00	数据引自表2-13管理费用预算表
资本支出现金支出	224 600.00		44 000.00		268 600.00	数据引自表2-14资本投资预算表
现金余缺	798 469.60	1 179 348.40	959 464.00	973 611.20		期初余额＋现金收入－现金支出＝现金余缺
股东投入				500 000.00	500 000.00	在开业前，一次性以现金投入150万元，四季度末为备货准备，再投入50万元
向股东分配						
借款						
归还债权人本金及利息						
期末现金余额	798 469.60	1 179 348.40	959 464.00	1 473 611.20		

　　徐总："你在编制经营预算时似乎漏掉了一项，没有这一项，无法作出预计利润表。"

　　老彭："我看看啊。哦，确实，我把销售成本预算给漏掉了。做预算啊，如果考虑不周全，确实比较容易遗漏预算项目。在编制预算前，讨论确定预算模板，多次确认以后，再下发各业务部门填报，这样遗漏的可能性就小一些（见表2-16）。"

表 2-16　销售成本预算表　　　　　　　　单位:元

预算项目	第一季度	第二季度	第三季度	第四季度	合　计	备　注
娇阳52度	2 736	936	1 224	2 304	7 200	数据引自表2-2单品分季度销售预算表
皓月48度	912	312	408	768	2 400	数据引自表2-2单品分季度销售预算表
清风38度	912	312	408	768	2 400	数据引自表2-2单品分季度销售预算表
合计销售量	4 560	1 560	2 040	3 840	12 000	
娇阳52度	2 188 800.00	748 800.00	979 200.00	1 843 200.00	5 760 000.00	采购单价800元/瓶
皓月48度	319 200.00	109 200.00	142 800.00	268 800.00	840 000.00	采购单价350元/瓶
清风38度	91 200.00	31 200.00	40 800.00	76 800.00	240 000.00	采购单价100元/瓶
合计销售成本	2 599 200.00	889 200.00	1 162 800.00	2 188 800.00	6 840 000.00	

老彭:"我们把数据汇总,编制成预计利润表(见表2-17)。"

表 2-17　预计利润表　　　　　　　　单位:元

项　目	金　额	备　注
主营业务收入	8 904 000.00	数据引自表2-1销售预算表(总表)
主营业务成本	6 840 000.00	数据引自表2-16销售成本预算表
毛利	2 064 000.00	
销售费用	1 149 920.00	数据引自表2-12汇总销售费用预算表
管理费用	472 720.00	数据引自表2-13管理费用预算表
利润总额	441 360.00	
企业所得税	110 340.00	假定不享受税收优惠,税率25%
净利润	331 020.00	净利润=利润总额-企业所得税

"好像没有财务费用呢?"徐总问道。

老彭："你又不贷款,哪里来的财务费用支出,最多有点银行手续费用支出,另外可能有点银行存款利息收入,收支相抵,净额应该很小,可以忽略不计。"

"这么算下来,一年辛苦才挣33万元。还不如两个店面的房东挣得多。"徐总看到最后的报表,心里很是感慨。

第三章 短期经营决策：经营周期内的权衡取舍

老彭说：

短期经营决策是在既定生产经营规模条件下，确定如何更有效率配置资源的决策。

一般来说，短期经营决策要经过确定目标、收集资料、设计方案、对比选优、实施控制等五个步骤。

从本质上来说，短期经营决策就是在收益和成本之间权衡取舍，因此了解成本与管理决策之间的相关性是非常重要的。

相关成本主要有：机会成本、边际成本、变动成本、差量成本、重置成本、可避免成本、可延缓成本、付现成本、专属成本等。

不相关成本主要有：沉没成本、不可延缓成本、不可避免成本以及共同成本等。

销售订单接受决策最主要的评价标准是边际贡献，如果有正的边际贡献，销售订单即可接受；如果边际贡献为负值，则通常来说，订单不可接受。而计算边际贡献必须要考虑是否存在机会成本和增量成本。

信用政策制定也属于短期经营决策问题。放宽信用政策可以促进销售，相应的坏账风险也将加大，收账成本也会增加，决策要点是考虑风险与收益如何平衡。

在考虑短期经营决策时，不能只顾成本节约，不考虑边际收益。

管理决策不仅仅要考虑数据及其背后的业务逻辑，还要考虑与之相关的人的行为，人与人之间的利益关系。

短期经营决策的概念及决策步骤

1. 短期经营决策的概念

徐总的酒类销售公司开业经营了一段时间。有一天，徐总找到老彭，咨询一个销售订单是否能接受的问题。

徐总："老彭，我最近收到一个销售订单，但我很纠结到底要不要接受这个订单，我想让你帮我参谋参谋。"

老彭："好，这种销售订单接受问题属于短期经营决策问题。"

"为什么说是'短期'？"徐总问道。

老彭："因为一般来说，这些问题都只影响一个经营周期，或者是在维持当前生产经营规模条件不变前提下进行的管理决策。换句话说，短期经营决策都是在既定生产经营规模条件下，确定如何更有效率地配置资源的决策。"

徐总："不涉及固定资产投资等长期资产的购置、建设等问题？"

老彭："是的，长期资产购建在管理会计学上属于资本预算的内容，因为这些决策都涉及多个经营期间，所以被称作长期投资决策。"

2. 短期经营决策的步骤

"那么短期经营决策过程要经过哪些步骤呢？"徐总又问。

老彭："大概有五个步骤，你看这个图（如图 3-1 所示）。

图 3-1　短期经营决策的步骤

"考虑短期经营决策问题,首先要明确决策的目标。即你先要考虑清楚,目标是利润最大化,还是尽可能扩大市场占有率,还是尽量减少成本。"

"这个我是明白,不同的决策目标,会导致不同的决策结果。我当然是考虑利润最大化,不挣钱,干吗做生意?"徐总说道。

老彭:"明确目标以后,接下来就要围绕决策目标收集信息和数据。设计各种备选方案。当然啦,你是总经理,是做选择题的人,不是做问答题和填空题的人。这个步骤不需要你操心,应该由你的管理会计操心。不过呢,现在你还没有管理会计,那我就帮你操这份心吧。"

"这个话我爱听,我就喜欢 A、B、C 几种方案摆在我办公桌上,A 有什么优势与劣势;B 有什么长处与短处;C 有什么风险与机遇,都写得清清楚楚,我只需要确定选择 A、B,还是选择 C,大笔一挥,在上面画个'同意'就行了。哈哈,当总经理,其实也是一件很简单的事情。"徐总很高兴。

老彭:"嗯,前提是你要有一个高水平的管理会计。有了备选方案,接下来就是你说的 A、B、C 三个方案,在哪个方案上写同意。"

"也就是对比选优的过程。"徐总总结道。

"最后还有一个决策方案实施与控制的步骤。"老彭道。

"这个步骤是执行过程吧,还是与决策相关吗?"徐总问道。

老彭:"当然相关啊,现在的决策是根据目前能确定的因素,以及对未来的预期做出的选择。在执行的时候,很可能出现新的情况,这个时候就有可能调整和修订原来的方案,这也是决策的一部分啊。另外,对方案实施过程进行控制、评价,也可以为以后类似的决策提供借鉴参考。"

成本和管理决策的相关性

老彭和徐总又开始讨论起了成本和管理决策的相关性。

1. 相关成本的识别要点

"那么，选择决策方案的关键点是什么呢？"徐总问道。

老彭："判断方案优劣要两手抓，两手都要硬。抓住成本和效益，而成本实际上又很大程度上决定着效益。其实归根结底，就是在成本与决策目标之间权衡取舍。因此，决策之前，先要搞清楚成本与决策是否相关。"

"不相关的就不考虑？"徐总又问。

老彭："是的，不必考虑不相关成本。在管理会计学中有一句话叫作'不同目的，不同成本'。就是说，成本划分要紧紧围绕着决策目标，这个跟财务会计学的成本思维模式差异很大。"

徐总："不能用财务会计学的成本思维模式来考虑管理会计学的短期经营决策问题，是吗？"

老彭："是的。在短期经营决策中，相关成本有两个识别要点，其一，成本信息是未来信息；其二，成本信息在各备选方案之间有差异。"

徐总："愿听其详。"

老彭："其一，管理决策站在当下，面向未来，因此它需要的成本信息一定是对未来有影响的信息。虽然管理决策过程也会分析历史数据，但是其目的在于，利用过去的成本信息分析成本与决策目标之间的关系，而不是把历史成本信息作为决策的根本依据。

"其二,前面我已经说过,决策方案之间要对比选优。你想想,各方案之间的成本信息如果无差异,还有必要考虑它吗?"

徐总:"我明白了,无差异的成本信息对于各个决策方案的对比选优来说,就是无效信息,考虑它是白耗时光。"

"是的。"老彭点点头。"你想想,你作为总经理,每天的工作要面对大量信息,如果你的财务部门在提供决策方案时,眉毛胡子一把抓,管它有用的没用的都在呈报资料中给你写上,你还要逐一去识别成本相关性,是不是加大你的管理时间成本,降低你的管理决策效率? 在实务当中,尤其是一些财务会计思维占主导地位的财务部门,我经常看到这种情况发生。"

"浪费时间精力还算好的,要是大量无用信息干扰、误导管理决策,甚至造成决策错误,那才要命。"徐总感慨。

2. 各种成本的决策相关性

老彭:"生产经营过程中会发生各种成本。从不同的角度来理解,有各种不同的成本分类。我们从与管理决策是否相关的角度来分类,把成本划分为决策相关成本和决策不相关成本两大类。"

"与管理决策相关成本有哪些呢?"徐总问道。

"与管理决策相关成本的表现形式有很多,诸如机会成本、边际成本、变动成本、差量成本、重置成本、可避免成本、可延缓成本、付现成本、专属成本等。与管理决策不相关的成本主要有沉没成本、不可延缓成本、不可避免成本及共同成本等。"老彭答道。

徐总:"你能不能详细谈谈?"

（1）机会成本

老彭:"我先说机会成本。在短期经营决策和资本预算中涉及大量机会成本分析问题。我们多花点时间详细聊一聊。机会成本与决策方案有关，它实际上不是一种现实的成本支出，而是一种失去的收益，即被放弃的方案可能实现的收益。"

徐总："听你这么一说，我想起在一本书上看到过一句话，'任何一种行为的成本，都包括行为主体如果不接受特定的决策而可能获得的收益。'"

老彭："看来之前你了解过机会成本的概念啊，那我考考你。假如你五年前花1 000万元，买了一块地，因为地价升高，周边同样的土地已经升值到3 000万元。现在，你要开工厂，打算用这块地来盖厂房，你想一想，是原来购进的成本1 000万元与你盖厂房这个决策相关，还是现在售价3 000万元与你的决策相关？"

徐总："当然是1 000万元啊，原来买的价格是1 000万元，土地又不存在折旧，五年以后财务账面上也应该是1 000万元吧？如果土地有折旧，那还要扣除折旧吧？"

"看来你并没有理解'失去的收益'。我们暂时先不管这个，我另外给你举个更好理解的例子来说明。电影《大话西游》看过没有？"老彭说道。

"看过。"

"那你肯定还记得至尊宝在水帘洞里戴上金箍之前，观世音菩萨说的那句话：'金箍戴上之后，你再也不是一个凡人，人世间的情欲不能再沾半点，如果动心，这个金箍就会在你头上越收越紧。'"

"观世音菩萨还问他，在戴上金箍之前，还有什么话想说。他说：'曾经有一份真诚的爱情摆在我面前，但我没有珍惜，等失去的时候，才后悔莫及！尘世间最痛苦的事莫过于此。如果上天可以给我一个再来的机会，我会对那个女孩子说：'我爱你！'如果非要在这份爱上加一个期限，我希望是一万年！'可这跟我们现在说的机会成本有什么关系？"徐总不理解。

老彭："至尊宝在水帘洞里选择了方案A：戴上金箍变成法力无边的齐天大圣；放弃了方案B：继续做一个普通平凡，但有情有义的至尊宝。他放弃方案B，也就放弃了方案 B 可能获得的收益——紫霞仙子的美好爱情。紫霞仙子的爱情，就是变成齐天大圣的机会成本。"

徐总："哦，我明白啦。如果至尊宝选择了方案 B，那么跟紫霞仙子秀恩爱的机会成本就是变成齐天大圣拥有的无边法力。"

老彭："对啊。回到盖厂房那个例子，你可以用这块地来盖厂房，也可直接以 3 000 万元的售价把它卖掉，所以你用这块地盖厂房的机会成本就是 3 000 万元，而不是原来的购进成本 1 000 万元。"

"这相当于说，鱼和熊掌不可得兼，选择了 A 就放弃了 B，选择哪一个，就是管理决策，因此，机会成本是与管理决策相关的成本。而原来的购进成本 1 000 万元与管理决策不相关。"徐总说道。

老彭："嗯，看来你有点开窍了。我再举几个与企业生产经营有关的机会成本的例子考考你。有一种特定用途的原材料，这种原材料是特定产品的生产原料，除此之外，没有其他用途，也不打算出售。如果有仓储成本，你想一想，这种原材料用于生产特定产品有没有机会成本？"

"有。就是它的仓储成本。"徐总不假思索地说道。

老彭："对的。为某项特定用途而决策购入的原材料，在还没有购入之前，它的机会成本是必须支付的采购款；如果已经采购入库，其机会成本则是可以用于其他生产用途可能达到的最大收益。但是，刚才我说明了，这批原材料没有其他用途，也不打算出售。所以，如果没有仓储成本，这种原材料用于生产特定产品的机会成本为零；如果有仓储成本，那么这种原材料用于生产特定产品的机会成本将会是负值（其绝对值等于仓储成本）。"

"咦，负值？我脑子有点转不过弯来呢。"徐总又不明白了。

"把这种原材料用来生产特定产品了，就不需要在仓库中继续存储了啊，不存储就没有仓储成本，是不是相当于节约了成本？ 成本节约，成本是不是负值？"老彭耐心地讲解。

徐总："真的是有点烧脑壳。不过我明白了，机会成本一定要与可以选择的机会也就是备选的决策方案联系在一起。机会成本，没有机会，就不存在成本。"

老彭："哈哈，你的思路清奇，有点意思。我再说一个，你公司仓库里面的酒，在没有卖出去以前，有机会成本没有？"

徐总："有。也是仓储成本。"

"你这是打算以不变应万变吗？"老彭打趣道。

徐总："难道不对吗？"

老彭："对是对，不过不完整。生产经营必须储备一定的存货，存货储备会占用资金，被占用的资金用于其他投资项目可以获得的收益，也是存货的机会成本。一般来说，我们使用资金的利息来计量这种机会成本。虽然在财务会计的财务报表上，从来不会把这种还没有发生的资金利息计入成本或者财务费用，但是在管理会计学的短期经营决策理论中，当评价与存货有关的决策制定时，应当把这一项机会成本考虑在内。"

徐总："那么，我们在考虑机会成本的时候，要谨慎运用财务会计提供的数据对吧？"

老彭："是的。不仅限于存货，其他资产也有类似情形。比如说，厂房、机器设备等固定资产。当这些固定资产投入生产过程中时，它的机会成本是由于使用而导致的资产价值下降，这与使用的方式有关，这一种使用方式可以获得的收益是那一种使用方式的机会成本。但是财务会计所计算的折旧，并不考虑放弃的资产使用方式可能获得的收益，因此，以资产折旧额来确定固定资产的机会成本，可能并不恰当。"

"比如说，某建筑公司有一辆小汽车，如果用于山区的建设项目，因为路况差，折损大，两年以后转售的价值为 10 000 元；如果用于城区的建设项目，因为路况好，折损小，两年以后的转售价值为 20 000 元。但是，这辆小汽车在财务会计账面上的折旧额，不论在山区使用还是在城区使用都是相同的，设定的残值率也相同，即视同转售时价格是没有差异的。"

徐总："那么财务会计账面上的折旧额岂不是错误的？"

老彭："谈不上错误，前面我说过了，'不同目的，不同成本'，这只是看待问题的角度不同而已，所谓'横看成岭侧成峰，远近高低各不同'。财务会计是事后诸葛亮，财务会计账面上记录的数据基本上都是沉没成本。"

（2）沉没成本

"沉没成本？不要蹦名词儿，解释一下啊。"徐总忙道。

老彭："所谓沉没成本就是过去已经发生的，现在或者未来的管理决策无法改变的成本。"

"那财务会计账面上这些以历史成本记录的资产价值，基本上都是沉没成本，对吧？"徐总问道。

老彭："是的。账面成本是历史数据，通常是沉没成本，对历史数据的分析，只能为未来提供一个参考，其目的在于找出数据之间的函数关系。但历史数据本身，并不能作为决策的根本依据并运用到管理决策当中。刻舟求不到剑，守株也待不到兔，此时此刻的决策无法改变彼时彼刻的既成事实。所以沉没成本与管理决策无关。"

徐总："嗯，我明白了。就好比说，你年轻时游遍名山大川，世界各地。可是，就算当年下五洋捉过鳖，上九天揽过月，那也只是过去。只是日记本上记载这么一段青春岁月。多少年以后，人到中年，当小孩子问起那些熟悉的地名时，你能说得清楚当年'春花秋月何时了，往事知多少'。可是对于未来的生活，上有老下有小，中间还有房贷掏空六个钱包。你再也没有勇气一言不合就递交辞职申请，来一场说走就走的旅行。"

"你长篇大论这么一大堆，我用一句话就可以总结，'夜来风雨声，花落知多少'，到底昨天晚上吹落了几朵花，无关紧要，今天早上起来，该浇水还得浇水，该施肥还得施肥。"老彭总结。

（3）重置成本

"接下来我们再谈一谈重置成本。重置成本是假定现在从市场上再重新购置一项原有的资产所需要支付的成本，又叫作现行成本。"

徐总："原来的资产已经使用，其价值肯定有贬损，用重新购置的资产价值来评估已经使用过的资产的价值，这个逻辑说不通吧？"

老彭："在估计重置成本时，是要考虑资产已经使用对价值的贬损的。有个评估公式：评估价值＝全新资产的采购价格×评估资产的成新率。资产成新率反映资产的新旧程度，成新率可以通过评估技术来测定。比如说，你有一台设备，使用寿命是 10 年，已经使用 5 年，简单估算成新率是 50％，现在采购一台同样的设备，需要支出 30 万元。那么你这台设备的重置成本就是 30×50％＝15 万元。"

"那么重置成本一定都是比原账面价值低咯。"徐总说道。

老彭："那不一定，比如你有一批库存酒，一共 100 瓶。原来采购价格是每瓶 100 元，现在酒厂调价，同类酒采购价格为每瓶 150 元。那么这批酒的重置成本就不是 100×100＝10 000 元，而是 150×100＝15 000 元。"

"哦，我明白啦，假如我以 12 000 元销售这批酒，从财务会计的账面上来看，我是盈利的，但是从管理会计角度来看，我就亏损了，因为如果我要想再补进货 100 瓶，用 12 000 元是无法买到的，所以重置成本与管理决策相关。"徐总说道。

"是的。"老彭点点头。"仅仅依据财务会计提供的账面价值来考虑管理决策问题，有时会吃大亏。"

"哦，说起吃大亏，我想起一个事情。我原来工作的酒厂，很多年前在上海市中心黄金地段购置了一处房产，用于销售代表办公。后来因为业务调整，这处房产不再使用，酒厂决定把这处房产出售。这处房产原值不到一百万元，加上这么多年的累计折旧，账面价值只剩下几十万元。财务部长给总经理报告说，扣除应缴纳的税费，账面上可以有两百多万的利润额，于是总经理就爽快地签字同意出售了。现在回想起来，这处房产的重置成本价值，何止几百万元呐，简直亏大了。"徐总回忆起这件事不无遗憾道。

老彭："嗯，这就是我说过的，用财务会计的思维干管理会计的工作，其结果往往误导决策。我在实务中见过这样的例子还不少。"

（4）付现成本

"还有一种与管理决策相关的成本是付现成本，就是未来要以现金支付的成本。付现成本是在某个管理决策需要支付现金，但又要全面衡量这个决策在经济上是不是有利的时候需要考虑的成本。"老彭接着道。

徐总："做生意，机会稍纵即逝，有时候，说话之间就要决定是否要掏银子，没有现金，玩不转。"

老彭："付现成本与折旧那种依靠分摊而确定到各期间的成本不同。资产购买那个时点，全部需要现金支付的价款就是付现成本，它并不因为会计政策要求分摊到资产的受益期间而在计提折旧时才考虑现金支出问题。付现成本是现在、而今、眼下，立刻就要真金白银掏出来支付的成本。"

"付现成本很要命啊，一文钱难倒英雄汉。"徐总半开玩笑地说。

老彭："付现成本提醒我们，所有管理决策方案都必须考虑支付能力，超过支付能力的方案当然就不可行。因此，方案决策时，虽然总成本小，但付现成本超过现有支付能力，不一定会选择总成本小的方案。比如，公司急需采购一台设备，但是资金紧张，目前只能拿出 5 万元。现在有两个供应商可以提供这种设备，但是信用政策不同。A 供应商的设备售价 6 万元，必须付全款才能提货；B 供应商的设备售价 6.5 万元，可以首付 3 万元，其余款项三个月以后支付。显然，公司会选择 B 供应商，虽然价格贵一点，但是可以满足紧急采购的需求，同时付现成本也在现金支付能力范围之内。"

（5）可避免成本与不可避免成本

老彭："我们再来说说可避免成本与不可避免成本。可不可以避免，是针对决策方案来说的。当决策方案改变时，可避免成本就可以避免，或者数额发生变化。而不可避免成本在决策方案改变时，不受影响。"

"不可避免成本，就是郑板桥笔下的竹子，咬定青山不放松，任尔东南西北风，我就是纹丝不动，稳如泰山。"徐总又用起了典故。

"那么，哪一个才是决策相关成本呢？"徐总又问道。

老彭："对于决策方案来说，不可避免成本，不论选择哪个方案，在决策时，都无需考虑，所以是决策不相关成本。比如说，现有设备的折旧额，就是不可避免成本。因为设备采购是以前决策的结果，现在的折旧额是以前的决策导致的，现在的决策并不能改变这个既成事实，也无法影响折旧额的大小。"

"这让我想起一句诗：'你见，或者不见我，我就在那里'。不可避免成本，不论你如何折腾，该发生的还是要发生，'抽刀断水，水更流，举杯消愁，愁更愁'。"徐总说道。

徐总的酒类销售公司的短期经营决策

1. 销售订单是否接受

"说了这么多，我遇到的这个销售订单是不是应当接受的问题，到底该怎么决策啊。"徐总又问出了两人见面时提出的问题。

"你详细说说是怎么一回事儿，我才好提供参考意见。"

徐总："是这样的。前几天我收到一个订单，有个公司的业务员联系到泰山路店的店面营业员，想采购 200 瓶娇阳 52 度。这个酒的销售价格你是知道的，每瓶是 1 040 元，价格还是按照这个价格卖，但是呢，他们要求我额外支付一笔费用，具体什么费用你就不用问了，总之，要额外支出 30 000 元。算下来，每一瓶要摊150元的费用，而我之前预算的业务费用按销售额的3%计算，也就是每一瓶预算支出31.2元的业务费用。150元的业务费用远远超过预算。我的进货价格你也是知道的，每瓶800元，每瓶的毛利才240元，再把这笔费用摊进去，每一瓶才挣90元。另外，每一瓶还要支付营业员销售提成31.2元。泰山路店一个月房租就是30 000元，再加上水电费、店面营业员的固定工资这些成本费用，再把管理费用算上，这一个订单，我能余下的利润非常少，几乎不挣钱，还要劳神费力给他把货送去。但是呢，这个客户是个值得开发的客户，未来可能有一定新增需求量。所以我很纠结要不要接受这个销售订单。

"另外，据了解，这个公司同时还选中了另外一个品牌的酒，如果我不愿意支付这笔费用，他们就选择购买那个品牌的酒。"

老彭："短期经营决策在做方案比较时，要注意抓住两个要点，一个是有没有要放弃的收益，也就是存不存在机会成本；另外一个是有没有产生额外的成本，也就是存不存在增量成本。

"更具体地说，销售订单接受决策最主要的评价标准是边际贡献，如果有正的边际贡献，销售订单即可接受；如果边际贡献为负值，通常来说，订单不可接受。而计算边际贡献必须要考虑是否存在机会成本和增量成本。

"我们先考虑机会成本。你接受这个订单，对其他销售订单有没有影响？"

徐总："没有。"

老彭："你接受这个订单对其他销售订单无影响，也就是不存在影响其他订单的机会成本；另外，如果不接受这个订单，就要失去这个有潜在需求量的客户，相当于损失未来的收益，当然，现在还没有办法准确测算这个机会成本数额是多少。那我们可以暂时不管它，只需要明白如果选择不接受这个订单，存在机会成本，而接受这个订单的机会成本是0，不存在任何要放弃的收益。

"我们再考虑是否存在增量成本。你卖掉这批酒，再进货，进货价格每瓶还是 800 元？"

徐总："嗯。传闻要涨价，但是目前还没有收到通知，如果这一两天就确定的话，还是这个价格。"

老彭："那你的重置成本就是 800 元，对方案的边际贡献没有影响。但是，假如说你已经得到涨价通知，每一瓶涨价 60 元，即采购价为 860 元，那就对方案的边际贡献有影响。"

徐总："哦，这个我明白，你刚才讲重置成本时，已经举过例子了。虽然这批酒的采购价格是 800 元，但是接受这个订单以后，这批酒就销售出去了，我要接受其他订单，需要再补货，而补货只能以 860 元/瓶的价格采购，而不是 800 元/瓶。所以，在决策时，不能按 800 元来考虑，而要按重置成本 860 元来考虑。"

老彭："我们来算一下啊，每一瓶的销售价格是 1 040 元，减去采购成本 800 元、销售提成 31.2 元、支付采购方费用 150 元，其他的机会成本和增量成本都可以不考虑，那么，边际贡献就是 1 040－800－31.2－150＝58.8 元。有正的边际贡献，你为什么不接受这个订单呢？"

"你不算固定性销售费用和固定性管理费用以及折旧、摊销这些成本啊？每一瓶分摊下来，差不多将近 50 元了。"徐总纳闷道。

老彭："我们来分析一下吧。首先说店面房租等固定性销售成本，你接受或者不接受这个销售订单，这些固定成本会受影响吗？"

"到月底，房东就要来收租，他哪里管你卖出多少瓶酒呢。"徐总答道。

"那么这些固定性销售费用就属于不可避免成本，不可避免成本与管理决策没有关系，你考虑它做什么？"老彭道。

徐总："那么收银机折旧和装修费用摊销也是一样的，属于不可避免成本吗？也不需要考虑？"

老彭："是啊。连你刚才说的固定性管理费用也是一样的，就算你这个月一瓶酒都没有卖出去，会计外包的费用还不是要支付？

"航空公司的机票打折有类似的原理。机票之所以会打折，是因为每次航班的飞行成本都差不多，几乎相当于固定成本，但是每一次的上座率却不一样。航空公司的计划航班不论上座率多少都是要飞的，飞行成本不可避免，因此飞行成本可以视同为决策不相关成本。而每增加一个乘客，增加的边际成本微乎其微，机票价格几乎全部是边际贡献。因此，航空公司就根据上座率的高低推出不同折扣率的机票，以便卖出更多的机票，进而提高航班的边际贡献总额。"

"我想明白啦，这个订单可以接受。"徐总高兴地道。

2. 信用政策如何制定

"老彭，我顺便问你另外一个事情。"解决完这个问题，徐总又问起了另外一个问题。

"什么问题？"老彭问道。

徐总："做预算的时候，我确定团购送货销售统一的信用政策是：允许有30%的赊销销售额，信用期限是3个月。前天，销售员李四给我建议说，在他负责的销售区域，可以通过扩大赊销比例，同时延长信用期，来吸引更多的客户。他结合市场调查情况测算了一下，如果赊销比例扩大到50%，信用期限延长到6个月，会新增1 000瓶的销售量。我正在考虑，要不要同意这个方案。"

"你不能光想着吃肉，还要想着挨打。放宽信用政策确实可以促进销售，可是，相应的坏账风险也加大了，收账成本也会增加。你这个问题仍然属于短期经营决策问题，重点是考虑风险与收益如何平衡。"老彭说道。

"这些他都考虑过了，坏账损失额，他按新增销售额的5%估算，新增收账费用按新增销售额的1%估算。我考虑过，他这个估算比例是合适的。他列了个计算表给我，你帮我看看。"说着，徐总递过一张表（见表3-1）。

表 3-1　李四的方案计算表

项　　目	娇阳 52 度	皓月 48 度	清风 38 度	合　　计	备　　注
原预算销售量(瓶)	2 016	672	672	3 360	
放松信用政策后销售量(瓶)	2 216	1 172	972	4 360	
新增销售量(瓶)	200	500	300	1 000	
销售单价(元/瓶)	1 040.00	455.00	135.00		
原预算销售额(元)	2 096 640.00	305 760.00	90 720.00	2 493 120.00	
放松信用政策后销售额(元)	2 304 640.00	533 260.00	131 220.00	2 969 120.00	
新增销售额(元)	208 000.00	227 500.00	40 500.00	476 000.00	
采购单价(元/瓶)	800.00	350.00	100.00		
原预算销售成本(元)	1 612 800.00	235 200.00	67 200.00	1 915 200.00	
放松信用政策后销售成本(元)	1 772 800.00	410 200.00	97 200.00	2 280 200.00	
新增销售成本(元)	160 000.00	175 000.00	30 000.00	365 000.00	
新增毛利(元)	48 000.00	52 500.00	10 500.00	111 000.00	
新增坏账损失额(元)	10 400.00	11 375.00	2 025.00	23 800.00	新增坏账损失按新增销售额的 5% 估算
新增收账费用(元)	2 080.00	2 275.00	405.00	4 760.00	新增收账费用按新增销售额的 1% 估算
新增税前利润(元)	35 520.00	38 850.00	8 070.00	82 440.00	

“这个表有问题。”老彭看完后对徐总说道，“表中没有考虑机会成本。”

“机会成本? 有什么机会成本呢?”徐总表示疑惑。

“你是生意人,手上的闲钱,肯定不会躺平在银行吃利息,你最近有其他的投资渠道没有?"老彭循循善诱。

徐总:"最近有个朋友邀请我参与一个投资项目,投资回报率大约是 15%,是比较稳妥的一个项目,我倒是想投一点,可是如果我同意李四的这个方案,我就要把这些钱投入经营过程,因为收款期变长了,付款期却没有变。"

老彭:"信用政策放松,销售量和销售额是上去了,可是资金占用额也增加了,与之相关的资金占用成本就是这个方案的机会成本。这些资金如果不被占用,你就可以用于其他投资项目,可选投资项目的投资回报率 15%,就是资金占用的机会成本率。"

徐总:"怎么计算这个机会成本数额呢?"

老彭:"原预算销售额是 2 493 120.00 元,其中 30%是赊销额,信用期限 3 个月,那么平均应收账款余额就是 2 493 120.00×30%÷360×90＝186 984.00 元。"

徐总:"你这个应收账款平均余额是怎么得来的啊?"

老彭:"应收账款平均余额＝日平均赊销额×平均收现期,一年我按 360 天计算,一个月我按 30 天计算。

"按李四这个方案,信用政策放松以后,赊销比例扩大到 50%,信用期延长到 6 个月,同时销售额增长到 2 969 120.00 元,则应收账款平均余额为:2 969 120.00×50%÷360×180＝742 280.00 元。用这个新的应收账款平均余额减去原来的应收账款平均余额,得到增加的应收账款平均余额:742 280.00－186 984.00＝555 296.00 元。"

徐总:"这个数据就是平均资金占用额吗?"

老彭:"还不是,还要用应收账款平均余额乘以变动成本率,才能得到平均资金占用额。你的公司不是生产企业,存货成本全部是变动成本,所以销售成本率就是变动成本率,可以用总的销售成本除以总的销售收入计算:2 280 200.00÷2 969 120.00＝77%。

"那么平均资金占用额就是 555 296.00×77%＝427 577.92 元。"徐总补充。

老彭："是的。你再用这个平均资金占用额乘以机会成本率15％，就得到机会成本额：427 577.92×15％＝64 136.69元。

"另外，新增销售，会不会导致仓储的平均存货量上升？"

徐总："这个不会，从厂家拿货很方便，我不需要有多少存货储备量。李四这个方案，新增税前利润是82 440.00元，扣除你刚才说的机会成本64 136.69元，还有新增税前利润18 303.31元，这个方案可行啊。"

老彭："别着急下结论，我们还没有计算由此新增的销售提成和增加的业务费用。销售额新增476 000.00元，李四的销售提成率是3％，新增销售提成额：476 000.00×3％＝14 280元；业务费用率3％，新增业务费用476 000.00×3％＝14 280.00元，合计新增费用14 280.00＋14 280.00＝28 560.00元。"

"我算一算啊：18 303.31－28 560.00＝－10 256.69元，那我还要亏钱？这个方案不能同意！不能同意！"徐总激动地道。

老彭："莫激动，其实管理决策往往就是在成本与收益之间权衡利弊，不能剃头挑子，一头热。你这个例子是只看收益，对成本考虑不周。反过来也一样，不能只看成本，不看收益。"

3. 关于成本节约的讨论

"只看成本不看收益？实务当中有这样的例子吗？"徐总问道。

老彭："现成的例子太多啦。比如，公司效益不好，有的公司首先想到的成本节约方法就是减少员工的工资与福利，而且不管什么级别的员工，无差别对待。"

"这有什么问题？很正常啊。"徐总表示不理解。

老彭："你想想，一个基层员工的月工资3 000元；一个部长的月工资30 000元，都同比例降低10％的工资，对哪个的生活影响更大，从而导致对哪个的工作积极性影响更大？"

徐总："当然是基层员工。"

老彭："那么你反过来考虑，对公司来说，多发300元给基层员工的边际收益大，还是多发300元给部长的边际收益大？不过，话说回来，有人的地方就有江湖，公司中各种利益关系盘根错节，理论上看起来可行的方案，实施起来却往往阻力重重。"

徐总："管理决策不仅仅考虑数据及其背后的业务逻辑，还要考虑人的行为，人与人之间的利益关系。"

老彭："我同意你这个看法。所以管理会计只能提供决策信息支持，不能替代管理者决策。干管理会计工作一定要认清这个定位，不能越俎代庖，更不能对管理者指手画脚干扰决策。"

徐总："如果是我做决策，我就先裁员，然后，再提高留下来员工的工资。比如说，原来这个部门的工资总额是10万元，我先裁掉一些人，工资总额可以降低到5万元，然后，我再拿出1万元，给余下的员工加工资。"

老彭："你的公司小，可以一竿子插到底，知道谁该留下，谁该走人。但是公司大了，就不好说了。"

"你这个说法有一定道理。"徐总点点头。

第四章 资本预算:跨越多个经营期间的投资项目决策

老彭说:

在企业生产经营中,尤其是在投资长期使用的资产时,会遇到投资项目现金流量跨越多个生产经营期间的决策问题。这种为获取或建设长期资产而制定的长期资本投资方案及其分析、选择、决策过程,在管理会计学上称作"资本预算"。

在资本预算中,需要用到复利计算技术,把不同时间点的现金流量复利计算到相同的时点进行比较。

资本预算要经过:投资方案立项、估算项目现金流量、确定项目折现率、计算评价指标、对比选优方案决策等几个步骤。

估算项目现金流量只需要考虑增量现金流量。增量现金流量是接受或者拒绝一个投资项目方案以后,企业总体的现金流量因此而发生的变动。

估算项目折现率是一项复杂的财务技术,不同的项目风险水平对应不同的折现率,总体来说,风险越高,折现率越大。

评价投资项目有多种方法,常用的有:净现值法、内含报酬率法、静态投资回收期法和动态投资回收期法。

光阴的故事：货币时间价值

1. 货币时间价值

老彭和徐总又坐在了一起。

"我上次跟你讲解了短期经营决策。短期经营决策中可供选择的决策方案的现金收支，都是在同一生产经营期间发生的，如果在分析框架中加入了时间轴，有跨越多个生产经营期间的现金收支，那么，这些分析逻辑就不一定适用了。"老彭道。

"为什么加入时间这个因素以后，短期经营决策的分析逻辑就不适用了呢？"徐总问。

老彭："因为，不论是收入还是支出，只有发生在同一个时间点，其金额直接比较才是有意义的。"

"不同时间点的货币价值，就无法直接比较了吗？"徐总问道。

老彭："是啊，今天一元的价值，显然跟五年以后的一元的价值是不相等的，因为货币有时间价值。它是指货币经历一定时间的投资与再投资所增加的价值。从机会成本的角度考虑，你今天借给我100元，我一年以后归还你100元，你是有损失的。"

"我要损失存在银行的利息。"徐总说道。

老彭："具体的损失数额不一定等于银行利息额，这要看你的机会成本率是多少。如果你完全没有其他投资机会，除了借给我，就只有存银行取利息，那么你的损失就是银行利息；但是，如果你有其他更优的投资机会，比如你可以投资一个项目，收益率是 10%……"

"那么我的机会损失就是 100×10%＝10 元，对不对？"徐总忙道。

"是的。"

"如果我没有这个投资机会，我把这 100 元放银行按 2% 的利率收取利息，那么我的机会损失就是 100×2%＝2 元。"徐总举一反三。

老彭："这还不是全部事实，实际上，在没有其他投资机会的前提下，你让我归还 102 元，你仍然吃了亏。

"虽然我们是朋友，你对我知根知底，不用担心我赖账，但是，我的信用状况，无论如何也不能跟资本雄厚的银行相比。你存银行近似于无风险投资（存款期限短并且本金金额小的前提下），而借钱给我，是要承担一定风险的，因此你要求的必要报酬率应当比银行存款利率更高一些，你才不吃亏。"

"用我们老家的话来说'吃得亏，才打得拢堆堆（不计较，才朋友多）'。你要是找我借钱，我保证不考虑货币时间价值，你借多少，就还多少，肯定不收你利息。"徐总半开玩笑地说道。

"漂亮话莫要说得太早，你是不了解货币时间价值的威力。当货币进入投资循环，每周转一次，货币总量就增加一点；周转次数越多，增值额就越大。随着时间的延续，货币总量在不断循环中是以几何级数方式增长的。连爱因斯坦都感叹说，复利的威力比原子弹还大。"老彭感叹。

"这很可能只是民间传说的一个梗。"徐总道。

老彭："就算不是真实的，但是这个'复利'，即将利息再投资所得的利息，是度量货币时间价值的一种方法。或者说，我们可以用复利来度量货币时间价值，复利的威力就是货币时间价值的威力。你想一想，利滚利，利生利，只要时间足够长，那将是什么概念？"

"就是愚公说的'子又生孙,孙又生子;子又有子,子又有孙;子子孙孙无穷匮也'。"徐总答道。

"我给你说个故事,"老彭说道。"1626 年,荷兰人用价值 60 荷兰盾的货物,从印第安人手里买下了纽约的曼哈顿岛。按当时的货币价值计算,这差不多相当于 24 美元吧。你是不是觉得荷兰人赚大了?"

"当然啦,曼哈顿岛面积有 59 平方千米,若开发房地产的面积,按 50 平方千米,就是 5 000 万平方米,一平方米少说也得卖 2 000 美元,算下来,至少值 1 000 亿美元!"徐总开玩笑道。

"如果当时荷兰人用这 24 美元投资股票市场,按照美国股市近一百年的平均投资收益率 9% 来计算,这笔财富到现在大概值多少呢?"老彭停顿了一下,卖了个关子。"从 1626 年到 2021 年经过 395 年后,按照 9% 的利率计算,24 美元可以变成 14 577.33 万亿美元,荷兰人亏大啦!"

"啊呀,简直没有想到。那这个 14 577.33 万亿美元,你是怎么计算出来的?"徐总惊讶道。

于是老彭讲起了复利计算方法。

2. 复利计算方法

老彭:"复利的计算方法有点复杂,你不用了解太多具体细节,我只给你介绍一些与复利有关的概念吧。"

"好的,以后涉及复利计算的事情,我都找你。"徐总爱开玩笑。

老彭:"用不着找我,用 Excel 软件就可以计算。Excel 软件中有各种财务函数,很方便。但前提是,你要能理解与复利有关的概念。刚才的结果,就是我用 Excel 软件中的 FV 函数自动计算出来的(如图 4-1 所示)。"

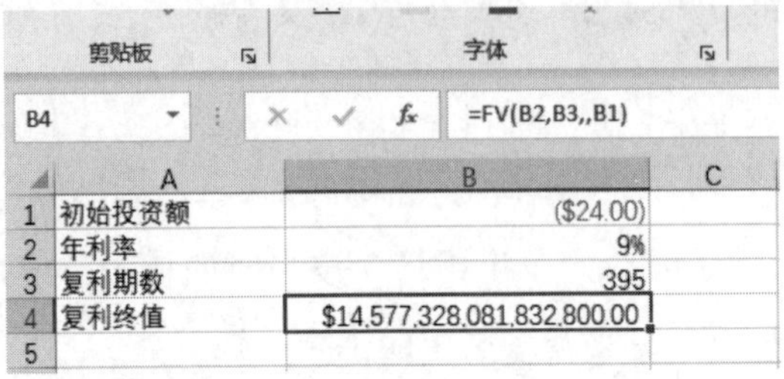

图 4-1　FV 函数计算图示

（1）复利终值

"上图这个复利终值是什么意思？"徐总问道。

老彭："与复利相关的第一个概念就是复利终值。它是指现在投资一定金额，按复利计算利息，经过一段时间以后的本金和利息的价值。具体到刚才那个例子，就是投资 24 美元，以 9％的年利率复利计息，经过 395 年以后的价值 14 577.33万亿美元。"

徐总："也就是说，现在的本金在将来用复利计算的本利之和，对吧？"

老彭："你的理解完全正确。你借 100 元钱给我，按 2％的年利率复利计算收取利息，第一年，你的本利之和为 100×（1＋2％）＝102 元；第二年你的本利之和为 100×（1＋2％）×（1＋2％）＝104.04 元。换句话说，第一年的复利终值为 102 元；第二年的复利终值为 104.04 元。

"用公式表达可以写成：复利终值＝复利现值×（1＋利率）^{N}，其中的 N，就是复利的期数。"

（2）复利现值

"那公式中的复利现值又是什么呢？"徐总问道。

老彭："复利现值是说如果在未来某个期间的资金按复利计算，它在现在的价值。具体到刚才那个例子，就是以 9％的利率复利计息，经过 395 年以后得到 14 577.33 万亿美元，而复利现值是在一开始的初始投资额 24 美元。"

徐总："也就是为了在将来取得本利和，现在需要投资的本金。是不是可以把刚才那个复利终值计算公式变一下形，就可以得到复利现值计算公式？"

"是的。复利现值计算公式可以写成：复利现值＝复利终值÷(1＋利率)^N

我给你画个图（如图 4-2 所示），加深理解。"说着，老彭画起了图。

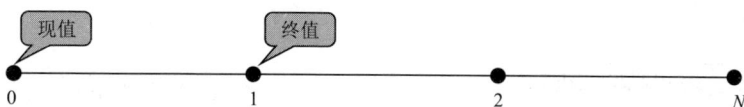

图 4-2　复利现值与复利终值

"0 表示零时点，也就是现在，1 表示 1 时点，可以是 1 天以后，1 个月以后，1 年以后，总之是一段复利期间之后；2 表示 2 时点；N 表示 N 时点。"

"终值也可以在 2 时点或者 N 时点，对吧？"徐总问道。

老彭："是的，不过在不同的时点，复利的次数是不同的，相应得到的复利终值也就不相同，但是，相对应的复利现值始终是相同的。

"举个例子，你借给我 100 元钱，一年以后的本利和两年以后的本利和是不同的，但是，你借给我的本金都是 100 元（如图 4-3 所示）。"

图 4-3　100 元复利终值示意图

"哦，我明白啦。"徐总点头。

(3)年金现值与年金终值

"我还要向你介绍一种很特别的现金流量形式的复利计算。这种特别的现金流量形式叫作年金。就是定期等额的一系列现金收支。"老彭道。

"哦，你说的就是类似于房贷那种分期等额偿还的现金流吧？"徐总问道。

老彭:"那是年金的一种,另外等额分期付款采购设备款、某些等额收取的保险金也是年金。年金也有终值与现值。其本质上就是多期等额现金流的复利终值与复利现值,只不过,可以用年金复利终值公式或年金复利现值公式简便计算。具体的计算方法,我就不用跟你详细说了。我画个图(如图 4-4 所示),你大致了解一下即可。

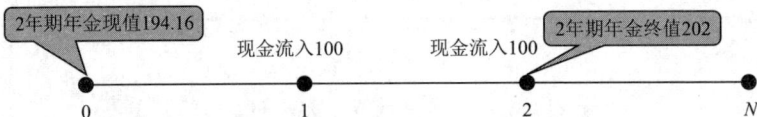

图 4-4　普通年金现值与年金终值示意图

"这个图表示的是年利率 2%,分两年偿付,每年末偿付 100 元的普通年金的示意图。另外年金还有预付年金、递延年金、永续年金等多种形式。"

(4)复利的作用

"我有个疑问:复利计算公式除了可以计算初始投资额到期以后可以收回多少本金和利息,还有其他什么用处呢?"徐总问道。

"复利计算公式的威力不仅仅限于'利生利、利滚利',它还是一个时光隧道。可以让秦时月照耀汉时雄关,让关云长大战秦叔宝,宋襄公偶遇杨玉环。"老彭看了看徐总的表情,接着说道。"我可没有开玩笑,复利这个工具真的有交错时间的功能。我们之前讲过,不同时间点的货币价值,无法直接比较,对不对?"

"对啊。"

"那么,我们利用复利工具,把不同时间点的货币金额,复利计算到同一个时间点,不就可以直接比较了吗?"老彭说道。

"哦,原来是这样,看来,这个东西确实有点像哆啦 A 梦的时光机呢。"徐总道。

资本预算概念及其决策程序

1. 资本预算的概念

"复利计算，在企业生产经营实务中有什么应用呢？"在了解了复利计算后，徐总不禁问道。

"可以应用于资本预算。"

"什么叫资本预算呢？"

老彭："在企业生产经营中，尤其是在投资长期使用的资产时，就会遇到投资项目现金流量跨越多个生产经营期间的决策问题。这种为获取或建设长期资产而制定的长期资本投资方案及其分析、选择、决策的过程，在管理会计学上被称作"资本预算"。

"一般来说，资本预算涉及什么项目呢？"徐总接着问。

老彭："比如，更新改造或购建生产设备、修建厂房以及投资设立子公司等。在这些长期投资项目的资本预算中，需要用到复利计算公式，把不同时间点的现金流量复利计算到相同的时点进行比较。"

"为什么这些长期投资项目需要考虑多个期间的现金流量呢？"徐总不是很明白。

老彭："我们之前讲过的短期经营决策重点在于对于当期收入、成本的分析和决策，不存在跨期间问题；而购建长期资产的投资项目，从项目建设到投产运行，直至项目终结，可能需要跨越多个生产经营周期，经过若干年时间。这就不能仅仅考虑某个经营期间的收益，而要从项目整个生命周期角度来考察，逐一分析项目存续期内的所有现金流量。"

徐总："哦，我明白了，资本预算一方面要站在投资项目的维度，从项目全过程来考虑问题；另一方面又要站在时间的维度，以货币时间价值来考虑不同时间点上的收支金额。"

老彭："是的，需要提醒你的是，这里说的时间点，实际上是指一个比较短的生产经营期间，通常指一年。虽然也可以用一个月，甚至一天来计算，但是这样做，相当于把简单问题复杂化，没有太大必要。

"时间节点细分，虽然更精细，但是，针对资本预算这种动辄投资期限好几年，甚至几十年的决策方案，显然没有必要。还要注意的是，与资本预算决策随同发生的营运资金项目，如货币资金、存货、应收账款等，虽然不属于长期性的资本资产，但是其产生的后果会延伸影响到以后的会计年度，所以也应当视同为资本性支出，纳入资本预算的范畴。"

2. 资本预算的决策程序

"那么资本预算的决策过程有哪些步骤呢？"徐总已经问起了具体方法。

"资本预算决策过程是由一系列有逻辑关系的流程组成的，我给你画个流程图（如图 4-5 所示）吧。"老彭边画边说。

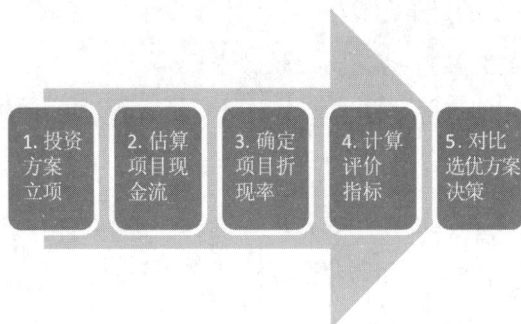

| 1. 投资方案立项 | 2. 估算项目现金流 | 3. 确定项目折现率 | 4. 计算评价指标 | 5. 对比选优方案决策 |

图 4-5　资本预算过程

"首先，由各业务部门提出投资需求和方案设想，经批准以后，方案立项；其次，估算项目生命周期内的现金流量，资本预算过程中最难的一步就是估算投资项目的现金流量，这需要业务部门与财务部门紧密配合，才能取得比较好的结果；再次，确定项目折现率，也就是确定复利计算的复利率；接着，运用各种资本预算评价方法，计算各种评价指标；最后，比较各方案的评价指标，对比选优后确定决策方案。"

徐总："不包括执行与实施这些过程吗？"

老彭："除了上述这些步骤以外，资本预算的程序，还包括投资项目风险评价、项目实施与控制、项目审计等步骤。因为我主要是跟你介绍资本预算的决策程序，所以余下的这些步骤，我就没有在图中画出来。"

投资项目的现金流量估算

1. 增量现金流量

"你刚才说，资本预算过程中最难的一步就是估算投资项目的现金流量，到底难在哪里呢？"徐总不禁问道。

老彭："难点在于其思考方式跟我们平常的思维习惯有些差异。在估算投资项目的现金流量时，只考虑增量现金流量。

"增量现金流量是说，接受或者拒绝一个投资项目方案以后，企业总体的现金流量因此而发生的变动。"

"也就是说，由于采纳了某一个投资项目方案，导致企业总体的现金支出增加，这才是该投资项目的现金流出量；由于采纳了某一个投资项目方案，导致企业总体的现金收入增加，这才是该投资项目的现金流入量。"徐总用自己的理解复述道。

"是的，你不能仅仅从项目本身考虑，而要站在企业总体的角度来考虑影响。一般来说，我们把投资项目的现金流量分为三个部分。"接着老彭向徐总讲述投资项目现金流量的三个部分。

2. 投资项目现金流量的三个部分

"投资项目现金流量分为如下三个部分：项目初始期内现金流量，项目运营期内现金流量，项目终结期内现金流量。"老彭边说边递给了徐总一张饼图（如图 4-6 所示）。

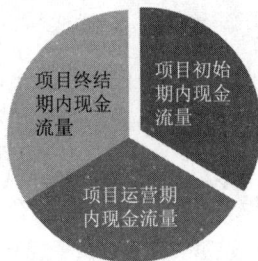

图 4-6　投资项目现金流量组成部分

"这三部分又具体包括哪些内容呢？"徐总问道。

老彭："项目初始期内现金流量主要包括：购买或建设资产并使之达到预定可使用状况所必需的直接现金流出。比如，设备采购和安装支出、投入的营运资本支出。

"营运资本支出就是前面讲过的与资本预算决策随同发生的营运资金项目，

如货币资金、存货、应收账款等。除此以外，如果有机会成本，也要考虑。"

"项目运营期内的现金流量主要包括些什么呢？"徐总接着问。

老彭："项目运营期内现金流量主要包括这个投资项目建成投产以后所带来的税后增量现金流量。"

徐总："为这个投资项目筹集资金，而在运营期内需要支付的银行利息或归还贷款本金等筹资性支出，要不要计算在项目运营期内现金流量当中呢？"

老彭："这个不用，在资本预算中，投资决策与筹资决策是相互独立的，不要混淆在一起考虑。"

"那项目终结期内的现金流量又主要包括些什么呢？"徐总又问。

老彭："项目终结期内现金流量主要是与项目资产处置、回收有关，包括设备处置变现的税后净现金流量，以及收回在项目初始期内投入的营运资本等。如果有弃置义务，比如核电站拆除以后恢复环境的支出，也要计算在内。"

3. 估算投资项目现金流量要考虑的因素

"估算投资项目的现金流量，要考虑的因素比较多，容易遗漏。当然，这里说的考虑因素，都是与投资项目的财务可行性相关的因素，不包括其他方面的考虑因素。"老彭说道。

徐总："那么，具体有哪些考虑因素呢？"

"有如下要考虑的因素。"老彭开始了讲解。

(1)考虑排除对现金流量不产生影响的利润表项目

在估算投资项目现金流量时，首先要忽略对现金流不产生影响的利润表项目，比如资产的折旧和摊销。但是，如果折旧和摊销对企业所得税的缴纳数额可能产生影响，那就要考虑这个影响额。此外，预提和待摊的费用项目也要剔除掉。

这是因为不论折旧还是摊销，以及预提、待摊这些概念，都是财务会计学为了计算期间利润额，配比收入与成本而使用的概念。虽然会影响利润，但与实际现金流量没有关系。而资本预算是基于现金流量估算的技术，关注的是实际现金流。比如一个生产设备投资项目，我们假定这个生产设备买来就可以使用，不用安装调试。从资本预算角度考虑，如果不考虑处置、维修等事项，支付设备采购款以后，就没有现金流量了。虽然在以后的期间，利润表上还有折旧项目，但是折旧本身是不会导致实实在在的现金流出的，因此要忽略掉。

(2)要考虑机会成本但不考虑沉没成本

要把机会成本看成一种现金流出。还是用之前讲过的例子。几年前花1 000万元，买了一块土地，因为地价升值，周边同样的土地已经升值到3 000万元。现在，你要开工厂，打算把这块地用来盖厂房。尽管你并没有实实在在的支付出3 000万元，但是，这3 000万元要作为现金流出，估算到投资项目的现金流量当中。

其实换个角度，不要看成现金收支，看成资源配置就好理解了。用土地盖厂房，投入了一块土地，这块土地虽然成本是1 000万元，但是现在它值3 000万元，相当于为这个投资项目配置了一项价值3 000万元的资源，这就相当于流出了3 000万元的现金。

另外，土地原来的成本1 000万元是不用考虑的，资本预算与短期经营决策一样，忽略与当前投资决策没有关系的沉没成本。如果在做资本预算时，光按照财务会计账面上的数字来加加减减，那就完全南辕北辙。

(3)要考虑企业所得税的影响

如果折旧和摊销项目对企业所得税的缴纳数额可能产生影响，那就要考虑这个影响额。

首先，我们要明确，企业所得税一定是一种现金流出。所以计算投资项目营运期内现金流量可以用下列公式：

营运期内现金流量＝营业收入－现金支付的营业成本费用－企业所得税

把公式变形，得到下列公式。

营运期内现金流量＝税后营业收入－税后现金支付的营业成本费用＋非现金支付的营业成本费用的抵税效应

第 2 个公式比第 1 个公式少了一个企业所得税项目，但是又多了非现金支付的营业成本费用的抵税效应，营业收入和现金支付的营业成本费用也变成税后的了。其实这些多出来的项目，就是不单独考虑企业所得税项目引起的变化。

我们先说税后收入与税后成本费用。由于企业所得税的存在，企业的收入也好，成本费用也罢，实际上是小于实际收付金额的。比如，企业今年销售收入是 100 万元，企业所得税率是 25％，由于收入要纳税，那么企业的实际收入是 $100×(1-25\%)=75$ 万元。费用也一样，比如，今年企业支付租金 100 万元，企业所得税率是 25％，由于租金支出可以在企业所得税前扣除，相当于少计利润 100 万元，也就少缴纳了企业所得税 $100×25\%=25$ 万元，因此考虑企业所得税以后的租金支出应该是 $100-25=75$ 万元，即：$100×(1-25\%)=75$ 万元。

综合起来，可以得到两个公式：

税后营业收入＝营业收入×（1－企业所得税率）

税后现金支付的营业成本费用＝现金支付的营业成本费用×（1－企业所得税率）

相当于说，直接在收入和成本费用当中把要缴纳的企业所得税扣除，而不是单独列示要缴纳的企业所得税。

另外，加大成本费用的结果是利润减少，从而导致应缴纳的企业所得税减少。如果不计提折旧、摊销这些非现金支付的营业成本费用，企业应缴纳的所得税额就更多。

所以这些非现金支付的营业成本费用，可以起到减少当期税收负担的作用。因此，在估算投资项目的现金流量时，把这些因非现金支付的营业成本费用，而导致的企业所得税减少，看成一种现金流入。非现金支付的营业成本费用具有的这种作用，被称为"税盾"或者"抵税效应"。比如，企业今年固定资产折旧额是100万元，企业所得税率是25％，那么因为折旧导致的现金流入量就是100×25％＝25万元。

徐总："投资项目的现金流量估算，真的有点复杂啊，七弯八绕的，理解起来有点费劲。"

老彭："嗯，理解起来是有点烧脑壳。不过没有关系，虽然我给你讲解了这么一大堆，但是，你不必纠结于计算的过程。作为管理者，你只需要明白这个原理即可。"

4. 以徐总的酒类销售公司为例估算项目现金流量

鉴于以上理论有点复杂，老彭就以徐总的酒类销售公司为例，讲解了如何估算项目现金流量。

老彭："这样吧，我们假设有个集团公司要投资一个酒类销售子公司，投资期限为6年，所有的计算数据，都采用你投资的这个酒类销售公司的预算数据。并且假定在投资期内，除了最后一年以外，其他年份每一年的经营数据都是一样的。另外，不存在额外的机会成本，比如不会影响到该集团的其他业务。也不存在对外融资和分红等事项。"

"我先把表格列出来（见表4-1）。"老彭边说边演示。

"我们先看项目初始期内现金流量。假设所有的投资都是在0时点投入的，固定资产采购以及两个店面的装修费用支出一共是268 600.00元（参见表2-14）；营运资本投资1 731 400.00元。"

"表格中数字前面的负号表示什么意思？营运资本投资1 731 400.00元是怎么计算出来的呢？"徐总不懂就问。

表 4-1　项目现金流量计算表

单位：元

现金流量项目	0 时点（现在）	第 1 年末	第 2 年末	第 3 年末	第 4 年末	第 5 年末	第 6 年末
长期资产采购（包括店面装修费用支出）*	−268 600.00						
营运资本投资 *	−1 731 400.00						
营业收入 *		8 904 000.00	8 904 000.00	8 904 000.00	8 904 000.00	8 904 000.00	8 904 000.00
税后营业收入 *		6 678 000.00	6 678 000.00	6 678 000.00	6 678 000.00	6 678 000.00	6 678 000.00
现金支付营业成本费用 *		8 408 440.00	8 408 440.00	8 408 440.00	8 408 440.00	8 408 440.00	8 408 440.00
税后现金支付营业成本费用 *		−6 306 330.00	−6 306 330.00	−6 306 330.00	−6 306 330.00	−6 306 330.00	−6 306 330.00
非现金支付的折旧与摊销		54 200.00	54 200.00	54 200.00	54 200.00	54 200.00	54 200.00
非现金支付的折旧与摊销抵税效应 *		13 550.00	13 550.00	13 550.00	13 550.00	13 550.00	13 550.00
资产处置收入 *							2 000.00
资产处置应缴纳企业所得税 *							−500.00
营运资本收回 *							1 731 400.00
现金流量合计	−2 000 000.00	385 220.00	385 220.00	385 220.00	385 220.00	385 220.00	2 118 120.00

老彭："负数表示现金流出；正数表示现金流入。总投资额是 2 000 000.00 元,减去固定资产采购以及两个店面的装修费用支出 268 600.00 元(参见表 2-15)以后,就得到 1 731 400.00 元,这是投入的营运资本,在投资期的最后一年末会收回。

"我们再来看项目运营期内现金流量。营业收入、营业成本、费用等数据都是从预计利润表(参见表 2-17)上取的,然后换算成税后的营业收入和税后的成本、费用。税率仍然沿用预算表中的税率 25％。"

"那非现金支付的折旧与摊销是从表 2-8、表 2-9 销售费用预算表和表 2-13 管理费用预算表中取的数据?"徐总问道。

老彭："是的,包括长安之星小货车折旧、自动收银机折旧和店面装修支出的摊销。

"最后,我们看项目终结期内现金流量。我们假定长安之星小货车在第 6 年末卖掉可以收到 2 000 元,因为要缴纳企业所得税,所以要扣除 500(2 000×25％＝500)元钱。

"每个时间点的现金流量合计数就是同一个时间点上所有带 ∗ 号项目的金额之和。"

折现率

1. 风险与折现率的关系

"投资项目的现金流量估算,我总算是整明白啦,接下来是不是该确定投资项目的折现率了?"徐总问道。

老彭："是的。如何确定这个折现率的值，是一件很复杂的事情。我先跟你讲一讲风险与折现率的关系。如何衡量风险并计算出与风险相对应的折现率，是财务学的内容，具体计算方法我就不多讲了，你只需要记住结论即可。即不同的风险水平对应不同的折现率水平。总体来说，风险越高，折现率越大。你可以理解为：风险较高的投资项目，为了能吸引到投资者，必须要给出更高的回报额，相应的投资回报率，即折现率也就更高。

"举个例子，有风险的一块钱，比无风险的一块钱的未来价值更高。因为复利率，即折现率更高。有风险项目的折现率可以通过调整无风险项目的折现率，也就是无风险利率来计算。比如，现在短期国库券的利率是5％，这个利率可以视同为无风险利率。"

"为什么短期国库券的利率可以视同为无风险利率？"徐总问道。

老彭："因为国库券是国家信用担保，基本上没有违约的可能性，更不可能要变现时转卖不出去；加之到期期限短，基本上可以忽略因为市场利率上升或下降导致的价值损失。"

徐总："调整无风险项目的折现率得到有风险项目的折现率，也请你举个例子讲一下？"

老彭："好的，比如你现在要投资一个有风险的项目，通过一系列计算，你认为这个项目如果达到13％的投资回报率，也就是折现率为13％，你就愿意投资。那么，你对这个项目的风险实际上就定价为8％，这个8％被称为风险溢价率，也就是你因为要承担风险，而要求得到的必要回报率。

"那么，可以总结成这个公式：有风险项目的折现率＝无风险折现率＋项目风险溢价率

"从利率定价理论来说，风险溢价还可以再细分。风险溢价中包括：①违约风险溢价，即因承担到期不能足额收回本金和利息的风险而应得的补偿；②也包

括：流动性风险溢价，也就是因承担不能在短期之内以合理的价值转手卖出的风险而应得的补偿；③还包括：期限风险溢价，即因承担存续期内市场利率上升或下降的风险而应得的补偿。"

"那考不考虑通货膨胀的风险？"徐总问。

老彭："当然要考虑，即风险溢价包括通货膨胀风险溢价，一般用存续期间的预期平均通货膨胀率计算。总结起来就是：

"利率＝无风险利率＋通货膨胀溢价＋流动性风险溢价＋违约风险溢价＋期限风险溢价。"

2. 投资项目的折现率

"虽然我明白了风险与折现率的关系，但是就具体的投资项目而言，投资项目的折现率应该如何确定呢？"徐总问道。

老彭："还是要从机会成本角度来衡量。这个折现率实际上就是同等风险条件下，你可以选择的最佳投资报酬率。也就是，因为你选择投资这个项目，而放弃的其他同等风险项目可以获得的最佳报酬率。"

"这个'同等风险'，具体是指什么？"

老彭："企业的投资项目，要考虑两个风险，一个是投资项目自身的经营风险；另一个是为投资这个项目筹集资金而面临的财务风险。'同等风险'就是这两个风险相同。"

徐总："跟不同时间点的价值无法直接比较一样，不同风险的投资项目，也不能直接比较吗？"

"是的，"老彭点头，"所以才要强调'同等风险'条件下。如果新投资项目的经营风险与企业当前资产的平均经营风险相同，并且企业继续采用相同的资本结构为这个投资项目筹资，那么就可以使用企业当前的加权平均资本成本，作为这个投资项目的折现率。

　　"如果'同等风险'条件不满足，那就要考虑其他方法，比如寻找一个经营业务与待决策的投资项目类似的可比公司，以该可比公司为基准，通过一系列的计算调整，来估算投资项目的折现率。

　　"我们回到刚才举的那个集团公司投资子公司的例子，假如集团当前的加权平均资本成本是 15％，且满足'同等风险'条件，那么在评价投资子公司这个项目时，折现率就可以用 15％。"

投资项目的评价方法

1. 净现值法

　　万事俱备，只欠东风。投资项目的现金流量已经估算出来了，折现率也确定了，现在该谈谈怎么评价投资项目了。

　　老彭："投资项目的评价方法有很多种，我们先说净现值法。之前在讨论复利的时候，说过复利计算可以交错时间，把不同时点的金额复利计算到同一个时点用于比较。而净现值法就是利用了这个原理。这个方法把投资项目不同时间点产生的现金流入量和流出量，通过复利计算折算到现在时点，也就是求出这些现金流量的现值；然后再用流入量的现值减去流出量的现值，得到差额。这个差额就是净现值。

　　"如果净现值是正数，那么表明这个投资项目的投资报酬率大于折现率，即大于要求的必要报酬率，项目是可行的；如果净现值为 0，那么表明这个项目的投资报酬率正好等于折现率，投也可，不投也可；如果净现值是负值，那么表明这个投资项目的投资报酬率小于折现率，即小于要求的必要报酬率，这个项目最好不投。"

"你能不能把刚才例子的净现值计算一下？折现率就按刚才说的 15% 确定。"徐总道。

"刚才例子的净现值计算出来是这样一个表（见表 4-2）。"老彭有备而来，说着递给徐总一张事先就准备好的表格。

表 4-2　净现值计算表　　　　　　　　　单位：元

现金流量项目	0 时点（现在）	第 1 年末	第 2 年末	第 3 年末	第 4 年末	第 5 年末	第 6 年末
现金流量合计	−2 000 000.00	385 220.00	385 220.00	385 220.00	385 220.00	385 220.00	2 118 120.00
0 时点现值	−2 000 000.00						
第 1 年末现金流量的现值	334 973.91						
第 2 年末现金流量的现值	291 281.66						
第 3 年末现金流量的现值	253 288.40						
第 4 年末现金流量的现值	220 250.79						
第 5 年末现金流量的现值	191 522.42						
第 6 年末现金流量的现值	915 721.73						
净现值	207 038.91						

徐总："看来这个项目值得投资啊。"

老彭："如果折现率，也就是集团公司要求的必要报酬率高一些，比如达到20％，净现值就是－138 602.29 元，这个项目就不可行了。"

徐总："我明白了，一个投资项目可行与否，不仅仅要看现金流量，还要看预期的必要报酬率；必要报酬率越高，项目方案越有可能被否决。"

2. 内含报酬率法

"我们再来说一说内含报酬率法。"老彭接着道，"所谓内含报酬率是指能够使投资项目的净现值为 0 的折现率。也可说，内含报酬率是使投资项目现金流出量的现值等于现金流入量的现值的折现率。"

徐总："内含报酬率计算出来以后，是不是要与要求的必要报酬率相比较，然后确定投资项目是否可行？"

老彭："是的。如果内含报酬率大于要求的必要报酬率，则投资项目可行；如果内含报酬率等于要求的必要报酬率，则投资项目可以投，也可以不投；如果内含报酬率小于要求的必要报酬率，则投资项目不可行。"

"我以刚才这个例子计算了一下，内含报酬率大约是 17.84％，要求的必要报酬率是 15％，因此这个投资项目可行；如果要求的必要报酬率大于 17.84％，则这个投资项目不可行。"

3. 静态投资回收期法

"投资项目分析方法，全部都要用复利计算吗？有没有简便易行的方法？"徐总看着桌上摆满的公式和报表说道。

老彭："有一种静态投资回收期法不需要用复利计算。它只需要计算投资项目的现金净流量累计与原始投资额相等所需要的时间即可。它实际上是代表收回投资额所需要的年限，年限越短，投资项目就越可行。"

徐总："你能不能用刚才那个例子再计算说明一下？"

"可以，你看这个表（见表4-3）。"说着老彭又递上一张表。

表 4-3　静态投资回收期法

项　　目	0时点(现在)	第1年末	第2年末	第3年末	第4年末	第5年末	第6年末
现金流量	−2 000 000.00	385 220.00	385 220.00	385 220.00	385 220.00	385 220.00	2 118 120.00
第1年末待回收的投资余额		−1 614 780.00					
第2年末待回收的投资余额			−1 229 560.00				
第3年末待回收的投资余额				−844 340.00			
第4年末待回收的投资余额					−459 120.00		
第5年末待回收的投资余额						−73 900.00	
第6年末待回收的投资余额							—

"到第5年末，待回收的初始投资额还有 73 900.00 元，下一年产生的经营现金净流量是 2 118 120.00 元，因此大约 5.03 年（即 5 ＋ 73 900.00 ÷ 2 118 120.00＝5.03）即可收回初始投资。

"静态投资回收期法计算简便，容易理解，但是只能大体上衡量投资项目的可行性。如果投资金额比较小，比如买个电脑、更换运输车辆之类的小型投资项目，可以应用静态投资回收期法。这种方法的缺陷也很明显，就是忽略了时间价值，把不同时间点的货币价值视同等效；并且，这个方法不考虑回收期以后的现金流量，很容易误导决策者接受期限短的项目，而放弃有战略意义的长期项目。"

徐总："为什么说这个方法容易误导决策者选择短期项目呢？"

老彭："因为长期性的战略项目，往往早期收益低，现金流量少，而中后期收益高，现金流量大。单纯应用静态投资回收期法来评价，很可能一开始就把这些项目淘汰出局了。"

徐总："看来评价投资项目不能只用某一种方法，要多维度比较。你说静态投资回收期法没有考虑时间价值，有没有办法调整一下数据，消除这个缺陷，比如运用复利后的现值数据呢？"

4. 动态投资回收期法

"你说的这种调整后的方法，就是动态投资回收期法。它是在考虑货币时间价值的情况下，以项目现金流量抵偿全部初始投资所需要的时间。我们还是以刚才的例子来说明。你看这个表（见表 4-4）。

表 4-4　动态投资回收期法　　　　　　单位：元

项　　　目	0 时点（现在）	第 1 年末	第 2 年末	第 3 年末	第 4 年末	第 5 年末	第 6 年末
现金流量	−2 000 000.00	385 220.00	385 220.00	385 220.00	385 220.00	385 220.00	2 118 120.00
现金流量的现值	−2 000 000.00	334 973.91	291 281.66	253 288.40	220 250.79	191 522.42	915 721.73
第 1 年末待回收的投资余额		−1 665 026.09					
第 2 年末待回收的投资余额			−1 373 744.43				
第 3 年末待回收的投资余额				−1 120 456.03			
第 4 年末待回收的投资余额					−900 205.24		
第 5 年末待回收的投资余额						−708 682.82	
第 6 年末待回收的投资余额							

"我们以每年产生的现金流量的现值来计算已经收回的投资额，在第 5 年末，待回收的初始投资额是 708 682.82 元，而第 6 年可以回收的现金流量的现

值是 915 721.73 元,因此,考虑了货币时间价值后的投资回收期为 5.77 年(即 5+708 682.82÷915 721.73=5.77),而不考虑货币时间价值的静态投资回收期是 5.03 年。"

徐总:"看来动态投资回收期比静态投资回收期的投资回收年限长。"

老彭:"是的。因为折现以后的现金流量肯定比不折现的现金流量小。"

第五章 责任中心：用于管理控制的业绩评价系统

老彭说：

公司组织架构有集权和分权两种模式。其中，分权模式往往面临"委托—代理问题"。代理人追求自身效用最大化，有可能损害委托人的利益，这是分权模式的代理成本。代理成本表现为逆向选择和道德风险两种形式。

公司通过建立管理控制系统来解决"委托—代理问题"。责任会计是管理控制的一个基本工具。

责任会计系统由四个基本要素组成：一是责任划分；二是确立业绩评价指标；三是业绩评价；四是明确奖赏。

责任会计系统通过设置不同的责任中心，来实施管理控制，责任中心有：成本中心、收入中心、利润中心和投资中心。

成本中心是只对成本或者费用承担经济责任，并负责控制与报告成本或费用的责任中心。通常用可控的责任成本对成本中心进行考核。

当企业中的一个单位，对投入组合、产出组合以及产品销售价格都有决策权力，并且对此承担责任时，它可以设定成一个利润中心。通常用边际贡献对利润中心进行考核。

当责任中心的经理不仅仅可以决定销售价格、决定生产计划，并且他还拥有决定长期资产的投资规模和投资类型等投资决策权时，这种责任中心就可以设立为投资中心。通常用投资回报率和剩余收益对利润中心进行考核。

徐总的酒类销售公司越做越大，几年以后，发展成为代理多个酒类品牌的市级经销商，在某省会城市的多个区县都设立了名酒专卖店。除了原来的专卖店和大客户团购销售渠道以外，徐总开始对电子商务进行深度布局，基于电商平台开设官方旗舰店，还与知名带货主播合作销售酒类产品。

鉴于公司规模扩大，徐总考虑变更公司的组织架构，按销售渠道划分，设立三个销售事业部，分别独立负责不同渠道的营销工作。另外，公司以前一直没有设立后勤部门，都是他自己或者员工兼任，可后勤事务越来越多，已经没有办法兼顾。所以他还打算设立人事行政部、采购物流部、财务部三个后勤部门。他设想的组织架构如图 5-1 所示。

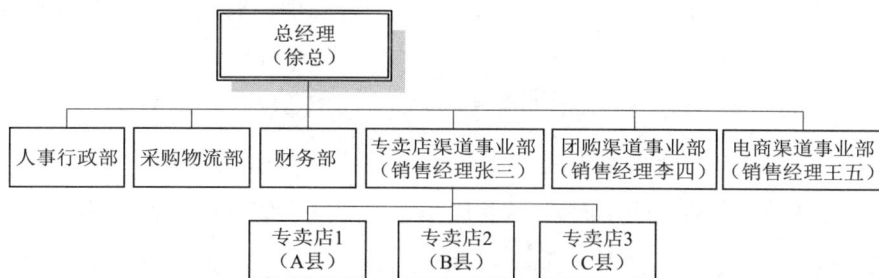

图 5-1 公司组织架构图

组织架构与管理权限分配

1. 集权与分权

为讨论变更组织架构以后公司的管理控制问题，徐总找到了老彭。

徐总："最近我在考虑公司的组织架构调整问题,打算设立三个销售事业部,另外新设三个后勤部门。如何有效地对这些部门实施管理控制,我想听听你的意见。"说着,徐总给老彭展示了自己设想的组织架构图。

"我先问一问你的总体思路,你是打算沿用以前的管理权限分配模式,仍然采用集权式架构,把经营管理权集中到你这里呢;还是打算采取分权式架构,把经营管理权适当分散给各个事业部的销售经理?"老彭问道。

徐总："以前嘛,公司小,事情少,我完全照顾得过来。现在事情越来越多,如果全部集中到我这里决策,我一个人管不过来,必须适当分配一些管理权限给销售经理们。"

老彭："嗯,适当分配权限确实有好处,可以让你把主要精力集中在全局性重要事务上面;权力适度下放,也可以充分发挥销售经理们的积极性和主动性,增加他们的工作满足感;还可以培养他们自身的决策能力,有利于发现人才;另外,他们比你更熟悉市场一线的情况,如果他们有一定决策权,可以减少不必要的沟通成本,有利于对市场做出快速反应。"

"是的。"徐总点头表示同意。"我就是考虑到你说的这些好处,才决定成立销售事业部,适当放权管理。可是放权不等于放任,马可以放,缰绳不能丢;风筝飞得再高,线还是要抓在自己手里,你懂我的意思吧?"

2. 委托—代理问题

"我明白,你是担心出现委托—代理问题。"老彭说道,"在所有组织中,都存在委托—代理关系,你担心这个问题很正常。从你公司的具体情况来说,你是委托人,销售经理就是你雇用来专门负责销售工作的代理人。经济学中有一条基本原则:个人会为其自身的利益采取行动,以使其自身的效用最大化。在被雇用从事某项工作的过程中,代理人追求自身效用最大化,这有可能会使委托人的效用同时也最大化,但也有可能不会使委托人的效用最大化。"

"生我者父母,知我者老彭啊。"徐总觉得遇到知音。"我跟你说,我就是担心放权以后，销售经理只追求他自身的利益，而不顾我这个委托人的利益，也就是你说的委托—代理问题。"

老彭："是的。分权管理带来效益，同时也导致委托—代理问题，产生代理成本。一般来说，代理成本有两个，一个被称为逆向选择，另一个被称为道德风险。前者是说代理人为了追求自身利益而违背委托人利益，比如公司经理用公司的钱为自己买豪车，胡乱报销费用等；后者是指代理人虽然不损害委托人的利益，但不尽职尽责，不努力实现委托人的目标。"

"其实支付高薪我不心疼，就怕员工拿了高薪还上班摸鱼，不自觉努力工作。"徐总说出心里话。

老彭："说到自觉，有一种观点认为，可以通过改变个人的偏好，也就是你说的'自觉'来确保委托人和代理人的目标一致性。我个人不同意这种观点。人的自利性偏好是难以改变的。指望个人自觉不现实，你让员工跟你一样，一天24小时都为公司的经营管理寝食难安，这个办不到。究其原因，你还是只有通过设置代理人激励指标，使代理人的效用（基于激励指标的报酬）最大化，同时使委托人的效用达到最大化。"

徐总："你的意思是说，通过代理人激励方案使委托人和代理人的目标一致，而不是通过改变代理人的个人偏好来达到这一目的。"

"大家同在一条船上，利益一致，才谈得上目标一致。"老彭说道。

"那我可否通过设置监督巡查岗位，通过监控员工在上班时间是否工作努力来确保目标一致性？"徐总问道。

老彭："这个想法不靠谱。你如何定义'工作努力'？上班看手机就是工作不努力？你怎么知道他手机上的内容是不是客户发来的信息呢？天天晚上加班到十点半，就是工作努力？你怎么知道他是不是在公司上网打游戏呢？其实你没有办法直接衡量代理人的工作努力程度。"

"委托—代理问题本身就是由于信息不对称导致的，如果你可以直接衡量代理人的工作努力程度的话，那事情倒简单了。你只需要根据代理人的努力程度支付薪酬即可起到激励作用。问题是你不能，你没有办法很客观地说这个人努力了，那个人没有努力。既然努力程度无法直接观察，也无法量化，你就只有选择其他基础来设定激励指标。"

"很有道理。"徐总点头赞同。

老彭："站在员工的立场来说，工作业绩不仅仅受他们工作努力程度的影响，还会受到其他随机事件的影响。比如说，宏观经济、市场环境、竞争对手战略、新技术发明等。也就是说，作为代理人，他们可能会努力工作，但是超出他们控制范围的不利的随机事件所带来的不利影响，也可能抵消他们的勤奋努力，他们因此就要承担额外的风险。"

"按你这个说法，我要求代理人努力工作，还会给他带来额外风险？"徐总不解。

老彭："是啊，你还别不服气，我给你分析一下。风险可以看作是结果的不确定性。那么，作为代理人，他一开始就选择躺平，完全不努力，反正业绩都不理想，反正最后都得不到年终奖金，你说说，这个结果，对他来说是不是确定性的？既然结果是确定的，那么他一开始就选择躺平，反而一点风险都没有。现在好，你跟他说，你要努力，只要努力达成组织目标，也就是你委托人的目标，我就给你高额奖金。他听了你的话，确实也努力了，但是由于其他不利随机事件的影响，导致业绩不理想，该得的奖金得不到。你说说，这个结果是他一开始就能想到的吗？显然不是啊，所以是不是增加了他的额外风险？"

"哎呀，幸好你不是我的员工，像你这种传播负能量的员工，我肯定找个借口开除，哈哈。"徐总开起了玩笑。

老彭："你要解决委托—代理问题，需要平衡两个方面的问题：一方面，要让代理人有更强烈的意愿去努力工作；另一方面给予代理人因承担额外风险而更高的风险补偿。总而言之，如果你打算分权管理，你得设计一个有效的管理控制系统来解决委托—代理问题，而这个管理控制系统一定要包括与业绩评价相关的激励措施。记住：有共同的利益，才有共同的目标，不要光喊口号画大饼。"

徐总深以为然。

管理控制系统

1. 管理控制系统的组成部分

"那你直接跟我说怎么设计这个管理控制系统吧。"通过上一节的讨论，徐总对老彭如是说。

老彭："我没有办法直接跟你说该怎么办，我只能授人以渔。网给你，鱼还是要你自己去捉。这样吧，我们先聊一聊管理控制系统的组成部分。给你看个图（如图 5-2 所示）。"

"先设定目标，再制订计划并执行，执行过程中应当有可以量化的监控措施，以便于对业绩进行评价，最后通过激励措施引导目标一致？"徐总看后抬头问道。

老彭："是的，你的理解很到位。这个图所示的管理控制系统可以用一句话来概括——'你计量和奖赏什么，就得到什么。'不过，这个顺时针的循环过程，还应当加入反馈与修正，以便对每一个要素进行改进提高。"

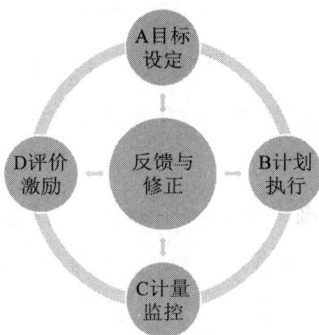

图 5-2　管理控制系统组成部分

2. 业绩评价指标

"管理控制系统的组成部分里关键的一个点就是业绩评价指标的确定，业绩评价指标一定要与组织目标相关联，不能脱节。方向不对，吃苦受累。"老彭道。

徐总："怎么说？"

老彭："为开展业绩评价，你就要设定用于评价的业绩评价指标，并且，业绩评价指标与组织目标方向一致，这样才能对管理者的行动产生激励作用。"

"一般来说业绩评价指标有哪些呢？"徐总问道。

老彭："业绩评价指标分为两大类，财务业绩评价指标与非财务业绩评价指标。诸如销售利润率、营运资本、投资回报率等属于财务业绩评价指标；而客户投诉率、次品率、故障率等属于非财务业绩评价指标。"

徐总："那又该如何设定这些业绩评价指标呢？"

老彭："设定这些业绩评价指标的方法之一是确定关键成功因素。关键成功因素就是管理者必须达到的管理特征或属性，它能推动组织整体向组织目标前进。业绩评价指标就是依据关键成功因素来确定。

"举个例子，比如你的公司要实现的目标之一是让客户满意。因为你卖的产品是酒厂生产的，你无法通过提高产品质量来让客户满意，这个因素对你的公司来说不可控。但是，可以通过更好的服务来让客户满意，而客户对送货的及时性又要求很高，也就是说，只要送货及时，他就很满意。那么送货越及时，就意味着提供了更好的服务。所以你识别出来，实现目标的关键成功因素之一就是送货的及时性。进而，与及时性相关的订单处理时间、仓库出货时间、运输送达时间等一系列指标，就是与组织目标相关的业绩评价指标。"

徐总："我有点懂了。根据目标识别关键成功因素，再根据识别出来的关键成功因素，考虑业绩评价指标。那么除了要反映与组织目标相关的关键成功因素以外，好的业绩评价指标还有什么特征呢？"

"好的业绩评价指标的特征，有这么几点。"老彭说道。

"首先，业绩评价指标要受员工的行为影响，用员工都无法影响的业绩评价指标去考核评价他，员工肯定不服气。

"其次，要容易被员工理解，云山雾罩整一大堆高大上的指标，员工都搞不清楚努力的方向，又怎么去努力实现组织目标呢。

"再次，还要能够平衡长期和短期利益，除非你的公司打算捞一票就跑路，否则在经营目标上，一定是要兼顾长、短期目标，相应的业绩评价指标也要平衡长期和短期利益。

"最后，也是最重要的，它要客观，并且可计量。"

徐总："说到客观。我想起来，很多年以前，我原来工作过的酒厂的一次奇葩的考核。那一年，酒厂财务部长给她的一个下属主管年终考核差评，评语是'工作不配合、不积极'。下属质问她，具体是哪项工作不配合、不积极；考核结果的事实依据是什么。财务部长说这是她的主观感受、印象。下属不服，最后闹得满城风雨。"

老彭："哈哈，这是典型的'说你行你就行，不行也行；说不行就不行，行也不行'的表现。所以业绩评价指标一定要量化，考核的时候才有客观依据。丁是丁，卯是卯，总要有个标准。要以理服人，不要以（权）力服人。"

3. 管理会计在管理控制系统中的作用

徐总："说到计量，我记得在公司刚成立的时候，你给我讲过管理会计可以在管理控制方面起到辅助作用。这个辅助作用是不是就体现在计量方面？"

老彭："不仅仅是计量方面，实际上，在管理控制系统组成部分图中的计量和监督以及评价和激励部分，管理会计都起着关键作用。这种作用在管理会计学上被称为责任会计，它是管理控制的一个基本工具。"

"责任会计？它是会计学的一个分支吗？"徐总问道。

老彭："它是管理会计学的一个重要分支。责任会计系统由四个基本要素组成：一是责任划分；二是确立业绩评价指标；三是业绩评价；四是明确奖赏。这四个要素的目的都是对行为进行影响，促进员工目标与组织目标一致性。

"管理会计学提供了三种不同类型的责任会计系统：职能责任会计系统、作业责任会计系统和战略责任会计系统。"

"那我的公司应当选择哪一种责任会计系统呢？听起来战略责任会计系统好像要高大上一些，是不是更先进，我应当选择这个吗？"徐总忙问。

老彭："选择责任会计系统要门当户对，并不是说越高大上越好，要考虑公司所处的经营环境和经济性是否相容。你的公司在比较稳定的环境中经营，销售的也是标准化的产品，经营流程也基本上标准化了，虽然有竞争压力，但也不是非常大，所以我觉得目前应用不太复杂的职能责任会计系统就足够了。等以后随着组织复杂程度增加，竞争环境变化加剧，再应用作业责任会计系统，甚至战略责任会计系统就可。"

4. 职能责任会计系统

"合适的才是最好的，那你跟我说说职能责任会计系统吧。"徐总道。

老彭："我还是给你画个图（如图5-3所示）。"

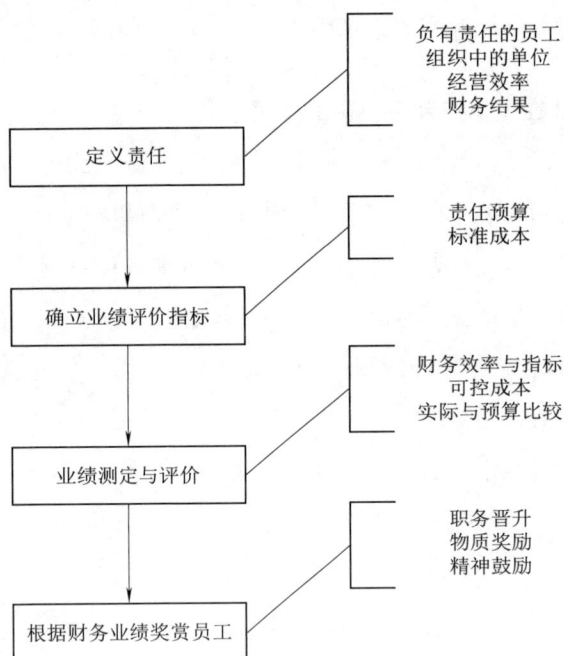

图 5-3　职能责任会计系统示意图

徐总："请你详细说明一下图中的每一步骤。"

老彭："职能责任会计系统将责任分配给组织中的各个单位和个人，并且主要以财务指标来衡量业绩。它强调的是财务业绩观，比较适合处于相对稳定经营环境中的企业应用。

"职能责任会计系统首先要确定责任中心并且定义责任。通常来说，组织中的一个单位，如一个部门、一个车间、一条生产线、一个班组甚至一个员工都可以界定为一个责任中心。责任中心要落实具体责任内容，并主要以财务指标来定义责任，比如成本、收入、利润或者投资回报等。

"业绩评价指标必须要明确，并且要设立基准，作为衡量业绩的参照。对于职能责任会计系统来说，责任预算和标准成本是设立基准的奠基石。如前面说过的，这些指标要客观且可计量，并且在一个相对较长的时间之内稳定，不能变来变去，让员工无所适从。"

"那如何评价业绩呢？"徐总问道。

老彭："在职能责任会计系统中，业绩通过实际结果与责任预算或标准成本相比较来测定和评价。责任中心只对其可控的责任项目承担责任。

"职能责任会计系统的最后一个步骤是根据财务业绩奖赏员工。奖赏作为一种激励机制，用来鼓励责任中心实现组织目标，具体来说就是实际结果好于责任预算和标准成本。"

5. 责任中心的类型

徐总："虽然我基本上听明白了职能责任会计系统的整体架构，但是其中的一些细节，我还想仔细了解一下。我想知道责任中心有哪些类型，具体是按什么标准来划分的。"

老彭："责任中心根据承担责任的不同，划分为成本中心、利润中心和投资中心。其实承担责任不同，也意味着决策权力不同。分配的决策权力和承担的责任不同，相应的业绩评价指标体系也不一样。

"当企业中的一个单位被授权以既定的成本，生产规定数量的产出，同时该单位实现产出的效率将被考核并据此进行奖惩时，它就成为一个成本中心；当企业中的一个单位，对投入组合、产出组合以及产品销售价格都有决策权力，并且对此承担责任时，它往往可以设定成一个利润中心；当企业中的一个单位具有利润中心功能，同时还拥有利润中心所不拥有的对资本性支出的决策权力，并且为此承担责任时，它就可以设立成为投资中心。"

成本中心

"我先给你说说成本中心。"通过上述介绍，老彭说道，"成本中心是只对成本或者费用承担经济责任，并负责控制与报告成本或费用的责任中心。"

"也就是说，成本中心不用对收入和利润承担责任？"徐总问道。

老彭："成本中心一般来说没有收入，没有收入也就不存在利润。当然，也不是绝对没有，有的成本中心可能存在一定收入，只是量很少，不作为考核依据。比如一个生产车间，它也可能有一些外协加工收入，但这不是它的主要业务，可以忽略不计。

比较典型的成本中心有制造厂、生产车间、生产线、工段、班组。实际上，任何发生成本费用的单位或个人都可以确定为成本中心，大的成本中心可以再分解成若干个小的成本中心。成本中心最主要的职责就是运用既定的成本，去完成规定的任务。"

1. 标准成本中心

"其实成本中心还可再划分成两种类型：标准成本中心和费用中心。"老彭接着道，"标准成本中心必须是产出明确而稳定，并且投入与产出之间的函数关系是既定的。特别是在生产制造环节中，产出，即生产的产品可以预先确定投入量,也就是料(原材料)、工(人工)、费(制造费用)的数量标准和价格标准是可以预先确定的。

　　"也这样理解:任何一种重复性的过程或者活动,都可以确定为标准成本中心,当然,前提是这种过程或者活动能够准确计量实际产出数量,并且能够清晰地表达投入与产出之间期望达到的函数关系。

　　"无论什么行业,都可以确定标准成本中心,比如运输部门的送货司机就可以确定为标准成本中心,用运输每一箱酒、每一公里送货里程所耗费的成本来考核其业绩。

　　"19世纪60年代后期,美国铁路企业的高管研究出了各类情况下以吨英里为基准的成本转化公式,从而不但可以监控整个铁路企业及其下属单位的吨英里成本,还能查明不同单位之间成本差异的原因。当时,美国的铁路企业中,低级管理人员的薪水是由高级管理人员自己支付的,因此,铁路企业的管理会计系统不仅仅是评估内部加工过程的工具,也成为评价下属业绩水平的一个工具,即一个管理控制系统。"

2. 费用中心

　　"费用中心与标准成本中心最大的不同在于:它的产出无法用财务业绩评价指标来衡量,或者说无法明确量化;另外,它的投入与产出之间的关系也不是很密切。一般来说,后勤部门,比如财务部门、人事行政部门就属于这种情况。"

　　徐总:"那这些部门就没有办法设计成责任中心,应用职能责任会计系统来考核评价了?"

　　老彭:"理论上来说,还真拿它没有办法。对于费用中心来说,唯一可以明确计量的就只有实际发生的费用,你无法通过比较投入与产出来评价它的效益与效率。也就是说,找不到什么好办法来限制费用中心的无效费用支出。"

3. 费用中心业绩评价

　　老彭:"运用传统的财务技术来评价这些费用中心的业绩是很困难的,几乎是不可能完成的任务。如工作质量和服务水平怎么量化，工作结果与费用支出的函数关系怎么确定等？"

"不可以另辟蹊径吗？比如考虑责任预算？"徐总问。

"一个费用中心的支出，没有超过预算，你觉得它就做得好吗？"老彭不答反问。

"真的是一点办法也没有了吗？我马上就要成立三个后勤部门，我总不能让马儿敞开跑吧。"徐总不甘心。

老彭："其实，你刚才说责任预算，我倒是由此想到一个办法。"

"我就晓得你不会让我失望，什么办法？"徐总急切地问道。

老彭："你可以运用零基预算，也就是从做责任预算开始，就严格控制。一定要先有行动计划，再说预算匹配，要详尽分析行动的必要性，以及预期要取得的效果，然后再确定预算标准。"

徐总："也就是说，先说事，后谈钱，无事无钱，有事才有钱，我只要把要做的事情控制好，成本费用自然就控制好了？"

老彭："对的。你在批准预算的时候，就要把握一个原则：无事不可生事，有事不可怕事。"

徐总："什么叫无事不可生事？"

老彭："比如，酒厂财务部长聘请税务咨询公司的做法，就属于无事生事。税务工作是财务部门的本职工作之一，该自己做的就不能批准她业务外包，没有金刚钻，揽什么瓷器活。当然，这个不能一概而论，她搞不定的重大税务事项你也不准她业务外包，那就要搬起石头砸自己脚。总之你要在责任预算批准时具体情况具体分析，必要时还要借助外脑，适当管理咨询。"

徐总："那什么叫有事不可怕事？"

老彭："就是该做的事要做，该花的钱要花，不要抠抠搜搜，恨不得一分硬币都要掰成两半来花。

"其实费用控制这个事，还是要基于信任，功夫在事外。选贤任能，要找有职业道德的人来干活。从根本上来说，费用中心的预算水平依赖于熟悉情况的专业人员的判断。你想想，是你更了解具体情况，还是业务部门更了解具体情况？对于他分管的领域，是你更专业，还是他更专业？所以说，疑人不用，用人不疑，最终还是要跟他协商确定适当的预算水平。"

"有道理。水至清则无鱼，锱铢必较的人也成就不了什么大事业。这个事情最终还是要归到识人、用人的本事上面来。"徐总点头表示赞同。

4. 责任成本

"回过头来，我们再说如何评价标准成本中心的业绩。先谈谈标准成本中心的评价指标。一般来说，标准成本中心无权对产量、品种结构等进行决策，所以标准成本中心不对产量以及产能利用率等结果承担责任。"老彭道。

徐总："那么，用什么指标来考核评价？"

"责任成本。"

"什么叫责任成本？"

老彭："责任成本是以某个责任中心为对象，以它承担的责任为范围所归集的成本，也就是既定责任中心的全部可控成本。"

"我发现，'成本'这个词的内涵好像非常多变化。这个成本，那个成本，很容易混淆，有点剪不断，理还乱的感觉。"徐总抱怨。

老彭："我教你一个窍门儿，你记住一句话就行了。就是我之前说过的'不同目的，不同成本'，也就是说，'成本'这个词是要讲究应用场景。不同目的，也就是不同应用场景，成本所指称的内容可能完全不同，所以必须结合应用场景来理解。比如责任成本，其目的在于确定责任、评价业绩，在这个应用场景下，'成本'就必须与责任相关，就是能被责任中心调节或控制。责任中心不可控的成本，就不能划归到责任成本范畴。"

"如何界定'可控'与'不可控'呢？"徐总又问道。

老彭："可控成本通常要符合几个条件。首先，成本中心有办法知道成本的性质，也就是说它要能知道为什么花这个钱；其次，这个成本可以准确计量；最后，成本中心有办法调节或者控制这个耗费或支出。"

徐总："如此说来，'可控'应该是个相对概念吧？"

老彭："是啊，可控成本要针对特定的成本中心来说。一项成本，对此成本中心来说不可控，对彼成本中心来说，就有可能是可控的。比如说，原材料的采购成本，对负责投料的生产车间来说显然是不可控的，而对采购部门来说则是可控的。针对成本中心管理者而言，有些成本，对下级管理者来说不可控，对上级管理者来说却可控，比如说车间主任的年终奖金，他本人不可控，但生产部门经理却可以控制。"

"考不考虑时间维度？"

老彭："这个问题问得好！当然要考虑，谈这个，又要回到之前我跟你讲过的决策相关成本这个话题。可不可控，实际上也就是能不能做管理决策。管理决策都是面向未来的，所以与当前决策不相关的成本，比如原有机器设备的折旧费用，是以前决策的结果，在购建设备的那一个时刻是可控的，过了那个时刻，就不可控了。"

"虽然概念上我完全明白了，但是具体到操作上，又该如何着手呢？每一项成本支出该如何划分归属啊。"徐总问道。

老彭："可以按两个原则来确定责任中心的可控成本：如果该责任中心可以通过它的行动有效影响一项成本的金额，那么这项成本就归属这个责任中心；如果该责任中心有权决定是否使用某项资产或劳务，则这项资产和劳务的成本就应归属到这个责任中心。"

徐总："听了你以上这些讲解，我心里有底了。我打算把三个后勤部门设立为责任中心。人事行政部和财务部设立为费用中心，主要通过严格审批责任预算来控制，以实际支出与责任预算相比较来评价业绩。对于采购物流部，我打算设立为标准成本中心，用标准成本来考核评价业绩。可是，三个销售事业部该怎么办？它们不光发生成本，还要负责实现收入。"

利润中心

1. 利润中心的特征

针对徐总提到的问题，老彭道："那三个销售事业部，我建议设立为利润中心。"

徐总："利润中心？刚才你说过，当企业中的一个单位，对投入组合、产出组合以及产品销售价格都有决策权力，并且对此承担责任时，它可以设定成一个利润中心。可这三个销售事业部不符合这些要求啊。"

"嗯？难道说，虽然成立了三个销售事业部，实际上所有决策权力，仍然集中在你这里？比如促销决策还是由你拍板？"老彭惊讶。

"不是，这些具体的决策还是由销售经理负责，当然，他们事前会上报方案给我确认，我一般不会驳回。可是，白酒的市场价格是酒厂严格控制的，我们经销商对终端销售价格的定价权，几乎可以忽略。但是，说实在话，这个上面操作空间还是有的。"徐总解释道。

老彭："那不还是说明，销售经理对销售价格有一定的决策权力嘛。"

徐总："那投入呢，采购价格是酒厂定的啊。"

"你不能依葫芦画瓢，生搬硬套。作为一个白酒经销商，利润的来源是销售白酒，是靠三个销售事业部负责销售白酒。销售事业部的经理有权决策打折、促销、赠送。也可以决定除了采购价格之外的成本，比如所属员工的工资。所以在实现收入和实现利润方面，销售事业部的销售经理能决策的，与你这个总经理可以决策的没有很大差别。除了酒厂的限制，从公司内部来说，并没有对销售事业部经理施加额外的决策权力限制。"

徐总："哦，我明白了，这个要从公司内部的决策权力架构来考虑。"

老彭："对啊。利润中心的特征是可以对创造利润的过程施加影响，也就是对收入和成本都可以施加影响，并对此负责任，可以用利润指标来衡量其一定时期的工作业绩。设立利润中心的根本目的，在于通过评价利润相关的业绩评价指标，激励其为公司整体的利润目标努力工作。"

2. 利润中心的类型

"实际上，就算没有对外销售收入，一个责任单位仍然可以设立为利润中心。"老彭道。

"还可以这样操作？"徐总很惊讶。

老彭："当然可以，利润中心有两种类型：一种是自然利润中心，这种利润中心直接对外销售产品，在市场上进行购销业务，比如三个销售事业部。虽然一些销售行为受到酒厂限制，但是从公司内部决策权力架构来讲，它有很大的决策独立性。它可以决策什么时候从外部采购产品、采购多少产品，也可以决策如何在市场上销售产品，符合自然利润中心特征。"

"另一种是人为利润中心，它虽然不对外销售产品，但是它在公司内部按照内部转移价格出售产品。"

"人为利润中心？凭空生造出收入和利润？这不是财务造假吗？"徐总问道。

老彭："你误会了，这个利润只存在于责任会计系统中，用于内部评价和考核，并不记入对外报告的财务报表当中。比如，纺织厂有一个自建的火力发电站。这个火力发电站虽然不对外销售产品，但是要为纺织厂的其他生产车间提供两种产品：蒸汽和电力。纺织厂的财务部门就在责任会计系统中，把这个火力发电站设立为一个人为利润中心。每一年，由财务部门主导，火力发电站的领导和其他生产车间的领导协商确定内部转移价格。到年底，纺织厂管理层就以火力发电站实现的内部转移利润为主要的业绩评价指标，对其进行考核奖励。"

3. 利润中心业绩评价

"那么如何评价利润中心的业绩呢？直接用公司的年度目标利润总额作为业绩评价指标吗？"徐总问道。

老彭："那可不行。公司财务报表上的利润总额是一个综合性非常高的指标，是公司整体业绩的体现，不能不加区别，拿来就用。"

徐总："那你说说怎么办？"

老彭："办法是把利润中心的利润指标分层次。你看这张图。"说着，老彭递给了徐总一张图，如图5-4所示。

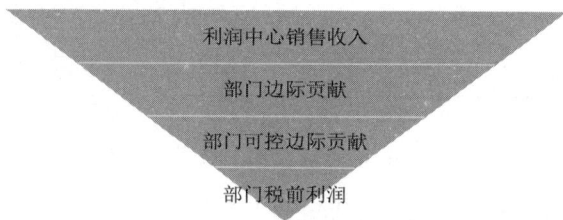

图 5-4　利润层次示意图

"最上面是销售收入，越往下，面积越小，意味着金额越小。"

"每一级都比上一级的金额小，是不是中间扣除了什么成本和费用？"徐总问道。

老彭："是啊，各层级之间的关系是这样的：

"部门边际贡献＝利润中心销售收入－部门变动成本－部门变动费用

"部门可控边际贡献＝部门边际贡献－部门可控固定成本费用

"部门税前利润＝部门可控边际贡献－部门不可控固定成本费用。"

徐总："这个图以及各层级之间的关系我是理解了，可是，这里面又有些术语：部门变动成本、部门可控固定成本费用，我还是不理解。你能不能结合我公司的数据来说啊？"

老彭："好吧。我就以专卖店渠道事业部为例来说明，我先列个表（见表5-1）。"

表 5-1　利润中心责任预算表（专卖店渠道事业部）　　　　　单位:元

预算项目	金　　额	备　　注
销售收入	5 342 400.00	专卖店零售销售收入合计
部门变动成本	4 104 000.00	销售成本
部门变动费用	160 272.00	店员销售提成
部门边际贡献	<u>1 078 128.00</u>	
部门可控固定成本费用	142 800.00	自动收银机折旧、水电费、办公杂费、店员工资
部门可控边际贡献	<u>935 328.00</u>	
部门不可控固定成本费用	644 000.00	店面租金、店面装修摊销、总经理分配的业务费用额度
部门税前利润	<u>291 328.00</u>	

　　"边际贡献等于销售收入减去变动成本和变动费用的差额。变动成本,对专卖店渠道事业部来说,就是它所销售白酒的采购成本,而变动性费用只有一项,就是以销售收入金额乘以销售提成比例计算的店面营业员的销售提成。"

　　"业务费用也是以销售收入金额乘以一定比例计算的,这项费用不考虑吗?"徐总问道。

　　老彭:"我记得业务费用是由你决策,并在全公司范围之内调剂使用。现在决策权力下放到销售事业部了?"

　　徐总:"没有,还是销售经理申请,我批准以后再使用,各个销售事业部能使用的业务费用额度也不同,并不与该事业部的销售额相关。"

　　老彭:"那就不能考虑。虽然,站在整个公司的角度来看,业务费用是一项变动费用,但是站在专卖店渠道事业部的角度来看,它能使用的业务费用并不等于它创造的销售额与业务费用计提比例的乘积。也就是说,它能使用的业务费用,并不随着销售额成比例变动。"

　　"有道理。"徐总点头。

老彭："利润中心的销售收入扣除部门变动成本和部门变动费用以后，就得到部门边际贡献。但是，以部门边际贡献作为该利润中心的业绩评价指标，是不够全面的。因为，专卖店渠道事业部的销售经理还有权力决定支出一些固定成本费用。"

"我在讲解本量利分析的时候说过，边际贡献抵偿固定成本费用以后，就会形成利润。所以接下来，要扣除固定成本费用。"

"我看表上把固定成本费用作了区分。"徐总问道。

老彭："是的。分成部门可控固定成本费用和部门不可控固定成本费用。考虑利润中心的成本和费用，跟考虑成本中心的成本和费用的原则是一样的，强调'可控'。这要与利润中心经理的决策权力相匹配，同时也涉及责任区分问题。自动收银机折旧、水电费、办公杂费、店员工资这些成本费用都是在事业部销售经理权力范围之内决策支出的，属于他可控的固定成本费用，应当由他负责。"

"自动收银机折旧为什么算可控的固定成本费用？自动收银机价款在正式营业前已经支出过了啊。"徐总不明白。

"自动收银机的采购是不是销售经理负责决策？"老彭问道。

"是啊，这些低价值资产的采购都是销售经理审批。"徐总道。

老彭："所以我认为应该属于他可控的固定成本费用。前面我在跟你谈责任成本时讲过：如果该责任中心有权决定是否使用某项资产或劳务，则这项资产和劳务的成本就应归属这个责任中心。这项资产在形成的时候，是由事业部的销售经理决策的。当初他决策时少花一点，营业期间的摊销就少一点，反之，当初他决策时多花一点，营业期间的摊销就多一点。你说算不算他的可控成本费用？"

徐总："我的意思是说，在营业期间，这个自动收银机折旧金额只是财务会计账面上计算的一个数字，没有实实在在支出钱，销售经理怎么控制？"

"哦，原来是这个问题。"老彭道，"利润中心的业绩评价指标，是从财务会计角度来考虑的，不仅仅计算实际的现金支出，也要包括没有现金支出的折旧、摊销等配比性成本费用。你可以这样理解，事业部的销售经理决定使用公司的一项资产，利润中心要为此支付费用——虽然这项费用并没有实际资金往来。"

徐总："我明白了，所以你把店面装修费用摊销计算到部门不可控固定成本费用中。"

老彭："你要注意，店面装修费用摊销的性质不同，销售经理完全不可控，包括店面租金和总经理分配的业务费用额度也同样是这个道理。这些成本费用要么是以前决策的结果，要么是他上级决策的结果，他只能承受，而无法改变。"

"把固定成本费用作区分后，你用部门边际贡献减去部门可控固定成本费用得到部门可控边际贡献。那么它的管理意义是什么呢？"徐总问道。

老彭："这个业绩评价指标的意义在于：它可以用来衡量利润中心经理的业绩——而不是这个利润中心的部门业绩。前面讲过，部门可控固定成本费用都是利润中心经理决策的结果，他应当对此负责，扣除这些该他负责的成本费用以后的结果，就适用于考核评价他的业绩。"

"那后面一步，再扣除掉'部门不可控固定成本费用'得到'部门税前利润'的意义何在呢？"徐总接着问。

老彭："意义在于可以用来衡量这个利润中心存在的价值。'部门税前利润'实际上是利润中心对公司整体利润的贡献。它虽然不适合用来考核评价利润中心经理，但是，如果要决策这个利润中心本身的取舍，就具有很重要的参考价值。"

徐总："我明白了，部门可控边际贡献可以衡量销售经理是否称职；而部门税前利润可以用来分析整个专卖店渠道事业部的经营问题。"

4. 公司管理费用是否应当分摊到利润中心

"为什么部门不可控固定成本费用中没有包括公司的管理费用呢？或者说，

公司的管理费用是否应当分摊到利润中心呢？"徐总问。

老彭："把公司的管理费用分摊给下属单位，这个做法其实比较普遍。我跟你说一个实务中遇到的故事吧。有一个集团，下属有三家子公司。集团把三家子公司设成利润中心，集团本身没有任何业务，只会发生管理费用。集团的财务部为了匹配财务报表利润总额，直接根据三家子公司的销售收入比例来分配集团管理费用，计入三家公司的部门税前利润总额中。其中一家子公司的总经理反对，他认为这样不公平，越努力，销售额越大，承担的集团管理费用越多。而实际上，集团管理资源大量投入到了管理较差、销售额也较少的另外一家子公司。"

"好像是不公平。"徐总道。

老彭："岂止不公平，这是比较典型的用财务会计思维干管理会计工作的案例。

"回到你的公司来说，公司的管理费用包括你这个总经理的工资、人事行政部、财务部等后勤部门的支出等，这些成本费用你以什么标准分配给三个销售事业部？一些分配方式，形式上很精密，有依据，就像刚才我跟你说的那个集团，按销售收入比例来分摊，其实这种分摊方法是很不靠谱的，这中间根本没有一个联系紧密的因果关系。也就是说，成本分配与成本动因无关。"

"不过，站在我这个总经理的角度来考虑，我需要有一种方式来提醒销售经理们，他们创造的部门税前利润要能够抵偿公司的管理费用，公司整体上才会有盈利。"徐总道。

老彭："你的目的我明白，但是没有必要多此一举。你在制定责任预算时给每一个利润中心制定一个考虑了公司整体盈利性的可控边际贡献指标，就可以达到这个目的。你让这些销售经理把心思花在不可控的、凭空分配来的管理费用上面，跟你斗智斗勇，有意思吗？何况，公司管理费用本来就是你决策的结果，更应当考核你自己，而不是销售经理。"

徐总："有道理。"

投资中心

1. 投资中心的概念

"最后给我讲解一下投资中心吧，虽然我这个公司目前还不必设立投资中心，我还是希望了解一下，等以后公司规模再大一点，也许能用上这些知识。"徐总道。

"好的，当责任中心的经理不仅仅可以决定销售价格、决定生产计划，并且他还拥有决定长期资产的投资规模和投资类型等投资决策权时，这种责任中心就可以设立为投资中心。"

2. 投资中心的业绩评价指标

"那么用什么业绩评价指标来衡量投资中心的业绩呢?"徐总问。

老彭："一般来说，有两个业绩评价指标：一个是投资回报率，这个是最常见的衡量投资中心业绩的财务指标。

"计算公式可以表示为：

"投资回报率＝投资中心创造的税前经营利润÷投资经营中心所拥有的平均净经营资产

"但这个指标有个缺陷，投资中心经理实际上可以通过调节分子或分母，来控制这个比率。所以，从引导投资中心经理目标与组织整体的目标一致来考虑，投资回报率并不是一个很好的指标。

"第二个指标叫剩余收益，它克服了投资回报率的缺陷，可以引导目标一致。其计算公式可以表示为：

"投资中心剩余收益＝投资中心创造的税前经营利润－投资经营中心所拥有的平均净经营资产×要求的税前投资回报率"

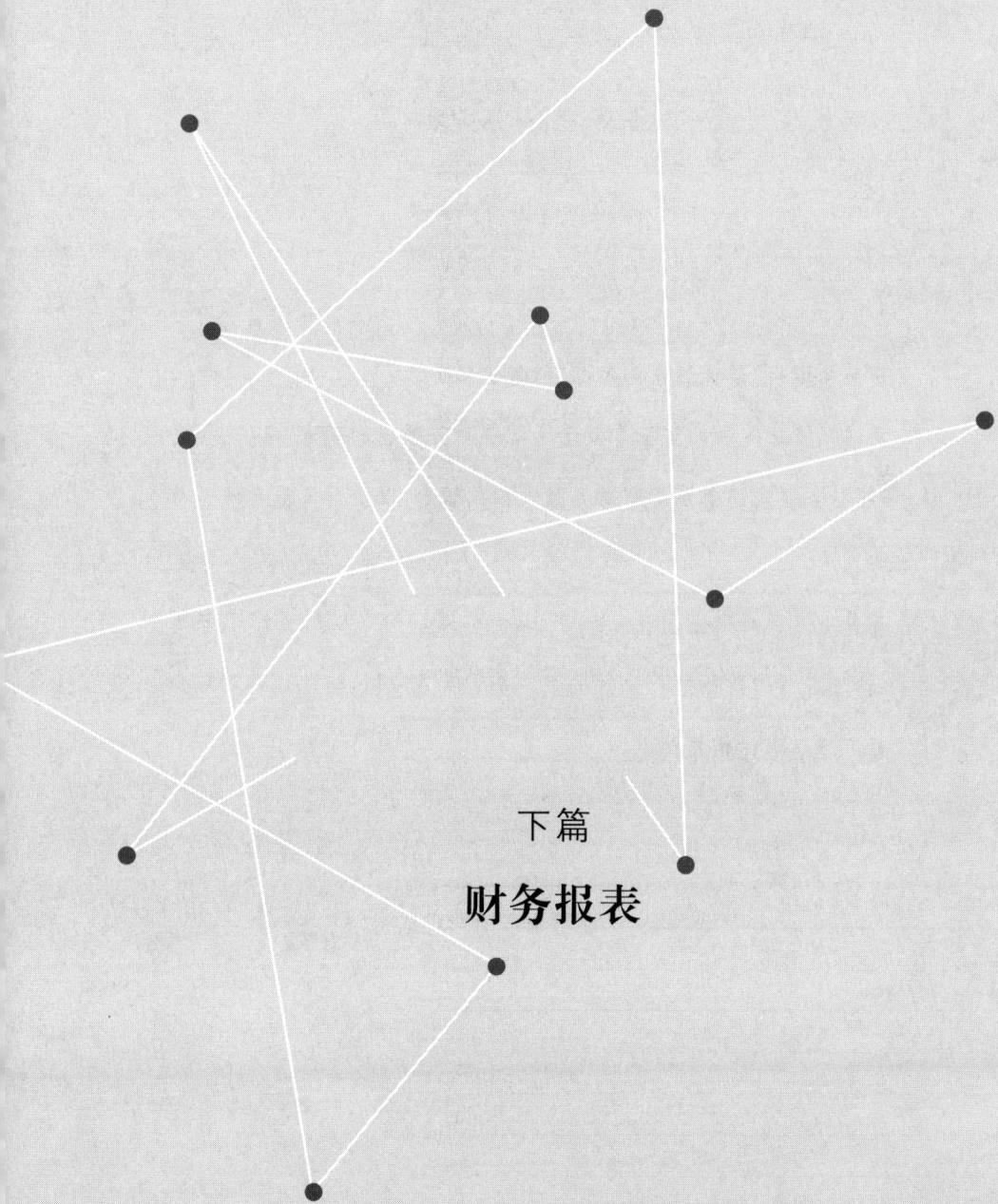

下篇

财务报表

在本篇中,老彭将引导徐总理解、分析财务报表。

复式记账法等会计学基本概念是理解财务报表的基础。但这还不够,理解财务报表还需要了解财务报表相关概念,以及财务报表确认与计量的方法。

实务中有多种财务报表分析方法,老彭建议徐总以财务比率分析为主,构建自己的财务报表分析框架。基于实务应用,徐总还请老彭介绍了财务报表审计相关知识。

第六章 财务会计基础

老彭说：

复式记账法沿用至今已有 500 多年，但它仍然是理解财务会计学的基础。

复式记账法是一种从两个不同的维度，来记录同一项经济业务的记账系统。"有借必有贷，借贷必相等"是复式记账法的记账规则。

财务会计学建立在四个会计假设之上，这四个会计假设是：会计主体假设、持续经营假设、会计分期假设和货币计量假设。

以货币计量的企业经济活动，即企业价值运动过程，是财务会计所要反映的内容，称为会计对象。

会计对象反映的是企业资源进入、周转循环、退出企业的价值运动过程。由于交易或事项引起的价值运动变化纷繁复杂，如果不做分类，则会杂乱无章，因此要区分不同的类别，并加以命名。这种根据交易或事项的经济特征而确定的会计对象的基本分类，就是会计要素。会计要素区分为反映存量的静态要素（资产、负债和所有者权益）和反映流量的动态要素（收入、成本、利润）。

会计要素之间的关系被总结为会计恒等式。

徐总给老彭打电话，请他到办公室来谈一谈。以下是他们的对话。

徐总："老彭，我有个事情要麻烦你。"

老彭："说啥子麻烦哟，谈不上，有事你说话。"

徐总："前段时间，有个朋友给我介绍了一个投资项目。"

老彭："什么项目？"

徐总："有一个机械设备销售公司的股东打算转让股份。那家公司的总经理阚布董联系我，问我愿意不愿意投资。"

老彭："那你投资了吗？"

徐总："我投资 200 万元，持有 20％的股份。但是我不参与经营管理，具体经营管理事务委托给以阚总经理为首的管理层。"

老彭："当个甩手掌柜？"

徐总："也不是完全不管，我在董事会里担任副董事长职务。"

老彭："那你是公司治理层的成员，负有监督管理层的职责。"

徐总："每个月财务部门会给董事会提交财务报表，这个公司的财务管理还是很正规的，财务报表比照上市公司的标准做。"

老彭："嗯，你可以通过阅读财务报表了解公司的财务状况和经营业绩，评估管理层受托责任的履行情况。"

徐总："可是，我看不太明白财务会计编制的对外财务报表。我就是为这个事情找你。"

老彭："你想让我给你讲解财务报表知识？"

徐总："是啊，毕竟投资了 200 万元，也不能让钱打了水漂。"

老彭："嗯，我考虑一下该如何给你讲啊……（沉思片刻），如果我拿教科书上的内容给你照本宣科,还不如你买本书自己看。"

徐总:"我又不是要当会计师,会计学教科书上的内容恐怕不适合我。请你从实用的角度,从我这种身份出发考虑讲解内容。"

老彭:"这样吧,我先给你讲解财务会计学的基础知识和一些与财务报表有关的概念。然后给你讲财务报表确认、计量以及财务报表分析。我会省略掉一些具体的技术方面的细节,这些是做会计工作应该掌握的内容,你不必了解。我重点给你讲原理和思路,多举点例子把原理讲透彻,加深你对一些重要概念的理解。"

徐总:"太好了,这就是我想要的。"

老彭又开始了对徐总的"授课"。

复式记账法原理

1. 复式记账法产生的历史背景

"我先给你讲解复式记账法原理,现代会计离不开复式记账法,这是理解财务报表的基础,理解复式记账法有助于你在财务报表分析时,重构财务数据所反映的商业实质。你听说过卢卡·帕乔利这个名字没有?"老彭道。

徐总:"没有,他是谁?"

老彭:"那达·芬奇总听说过吧?"

"当然啊,文艺复兴时期的画家。"

"那你应该在网上见过达·芬奇画的这幅画？"说着，老彭通过搜索引擎，在网上搜出了一幅画。

"这是达·芬奇为卢卡·帕乔利的一本数学书《神圣比例》画的插图。"

"你兜了这么大一个圈子，又回到卢卡·帕乔利这里来了。他到底是何方神圣，值得你把达·芬奇拉来当陪衬。"徐总打趣道。

老彭："他是15世纪意大利的一个数学家。1494年，他出版了一本著作《算术、几何、比及比例概要》。在这本著作当中，他系统记录了当时的'威尼斯会计方法'，也就是大名鼎鼎的复式记账法。这是现代会计实务和理论的起点。"

"复式记账法已经发明500多年了？"徐总表示惊讶。

老彭："发明时间可能还更早，卢卡·帕乔利没有发明专利权，他只是整理记录了这个方法。"

"你讲这些是想引导我了解当时的历史背景吧。"徐总说道。

老彭："是的，会计学是一门应用型实践科学，历史上每一次会计学理论的大发展，都是社会经济发展推动的结果。"

2. 复式记账法产生的条件

"那这些跟复式记账法有什么关系？"徐总问道。

老彭："复式记账法好比是儿子，当时空前发展的商品经济及其相关因素好比是妈妈。没有妈妈，哪里来的儿子？社会经济环境发生巨大变化，才孕育出了产生复式记账法的诸多历史条件。"

"美国会计学家利特尔顿总结，复式记账法产生有七个前提条件：文字书写、算术、货币、私有财产、资本、信用、商业。他说：'如果不存在财产或资本，就没有什么可记录的了；没有货币，交易就只能是物物交换；没有信用，每次交易就会当场结清;没有商业,对财务记录的需求就不会超越政府税收的范围;书写艺术与算术如果有一样缺失,簿记就会失去载体。因此,它们属于簿记的必要条件——没有这些要素,复式簿记将不复存在。'"

徐总:"这些历史条件之间的逻辑关系是什么呢?"

老彭:"这样吧,我还是画个图(如图 6-1 所示)。

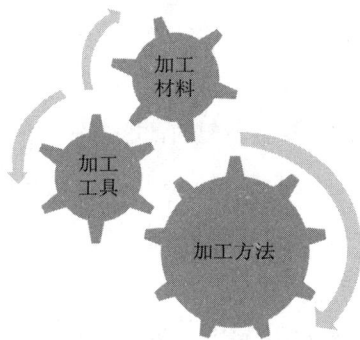

图 6-1 复工记账法产生的历史条件的逻辑关系

"现在我们有一些材料,这是需要加工的东西。这材料分别是私有财产(改变所有权的力量)、资本(供生产使用的财富)、商业(商品经济与商品交换)、商业信用(现在使用未来的商品)。同时,我们还有一些加工工具,这些工具分别是文字书写(永久性记录的手段)、货币(交换的媒介、价值尺度)、算术(计算手段)。现在,我要用加工工具来加工这些材料,我还缺什么?"

徐总:"我明白了,缺方法。就是你图上画的,要用加工方法那个齿轮,带动加工工具的齿轮,才能让加工材料的齿轮转动。"

3. 复式记账法的本质原理

"只要社会经济发展到某个历史阶段,一旦具备这七个条件以后,就必然会产生出复式记账法吗?"徐总不禁问道。

老彭:"未必,这些前提条件都只是必要条件,并不是充分条件。没有这些历史条件，一定不能产生复式记账法，但是具备了这些历史条件，并不一定就必然产生复式记账法。

"在自给自足的自然经济环境下，是不存在利润和资本的概念的，只需要在单个账户中直接记录、计算各项财物的收支结余即可。商品经济发展到一个阶段，商人和银行家们，从事银行借贷业务、商品采购销售业务、信用经济业务，这些业务通过金融交易或商品交换的方式获取收益和利润，从而达到持续经营和资本增值的目的。当时，从事东西方商品贸易的合伙组织以及各种委托代理关系大量涌现，合伙人和委托人都迫切需要有一个记录系统来反映利润和资本增值。这就有必要发明一套可以自动计算利润和资本余额的记账方法，并且这种方法要能前后一致地反映资本价值及其变化。而原有的单式记账法，无法满足这种需求。

"因为，单式记账法对于每一笔经济业务只在一个账户中进行记录。或者说，仅以一个账户来记录经济业务的一个方面。

"比如，代保管资产的备查簿，就是一个单式记账系统。收到代保管资产的时候，就在这个账簿的借方（收入方），记一笔收到多少；等人家取走，再在这个账簿的贷方（支出方），记一笔归还多少，账户余额是仍然处于代保管状态的资产。"

徐总："只记录代保管资产的增加或减少以及结余。"

老彭："是的，单式记账系统是一维线性系统。它只能在单一账户中，记录经济业务的一个方面。而要想在记录资产增减的同时，记录与之相关的损益状况和资本价值的变化，则需要发明一个二维记录系统。这个系统可以从资产本身增减变化的维度和与之相关的损益和资本价值增减变化的维度，来同时记录同一项经济业务。所以，利特尔顿说：'复式簿记的根本特征是商业所有权以及对与所有权相关的收益和损失的计算。'他推测，复式记账法形成的可能路径是，首先是在债务（个人）账户的基础上增加了商品（非个人）账户，随后则是在债务和商品账户基础上增加了所有权（资本和收入、费用）等名义账户。所有权表示财产的所有关系以及对收益活动的贡献，名义账户旨在计量并解释这种所有权和贡献的有形结果。"

"我所理解的'复式'的'复'是指多个账户，而你刚才讲解的'复'，实际上是两个记录经济业务的维度。"徐总道。

老彭："复式记账法是指对每一笔经济业务，都必须用相等的金额在两个或两个以上相互联系的账户中登记，全面、系统地反映会计要素增减变化的一种记账方法。如果仅仅用多个账户的'双重记录'来解释复式记账法的概念，是不完整或者是不准确的，没有切中要害。实际上，单式记账法也可以做到'双重记录'，比如用现金买一件商品，在单式记账系统中，也是在现金账户上记录一笔支出，同时在商品账户上记录一笔收入，也是有借有贷，借贷相等。"

徐总："嗯，我明白了。复式记账法就是从两个不同的维度来记录同一项经济业务的记账系统。这两个维度，一个是资产本身的增减变化；另外一个维度是，与之相关的损益和资本价值的变化。

"另外一个维度，可以看成是对资产增减变化的解释。"老彭补充道。

4. 复式记账法的记账规则

"那么复式记账法通过什么方式来达到这样一种功能呢，或者说复式记账法的记账规则是什么呢？"徐总问道。

"有借必有贷，借贷必相等。"老彭回答。

"就是说，任何经济业务发生，总会涉及两个或两个以上的相关账户，一方（或几方）记入借方，另一方（或几方）必须记入贷方，记入借方的金额等于记入贷方的金额。如果涉及多个账户，记入借方账户金额的合计数等于记入贷方账户金额的合计数。只有这样才能保持账户之间的试算平恒。"

"还是太抽象，你举个例子来说明吧。"徐总道。

老彭："好吧，我给你举个日常生活中的例子。以便于你理解。

"刚才我说过，复式记账法是一个二维记录系统，实际上，它的记录规则，可应用到任何需要两个维度来描述同一事项的系统中。比如：有一个共享单车系统，单车停放在两个地点（甲地和乙地），单车有两种状态（良好和欠佳）。单车可以在两地之间移动；单车的状态也可以互相转换（维修或使用导致状态转换）；系统与系统外部之间也有单车交流（比如，从其他地方调动单车投入到系统中，或者从系统中调出单车到其他地方）。

"在某个日期，比如说1月1日，这个系统的情况是这样的。"老彭画出一个表（见表6-1）。

表6-1　1月1日单车数量分布表

不同地点单车数量		不同状态单车数量	
甲地	15	良好	10
乙地	5	欠佳	10
合计	<u>20</u>	合计	<u>20</u>

"在1月1日单车数量分布表中，虽然用了不同的维度来记录，但是系统中单车的合计数量是确定的，不会因为统计维度不同而有差异，所以可以得到一个等式：不同地点的单车数量＝不同状态的单车数量。"

"也就是说，所有共享单车加在一起，只有20辆，而不是40辆。"徐总道。

老彭："是的。虽然表上左右两边各有一个数字20，但那只是两个不同记录维度的结果。我们基于某种统计的需要，要从不同地点和不同状态两个维度来记录这个系统的变化。为了记录简便，我们先规定两个记录符号'借方'和'贷方'。

"这里的'借方'和'贷方'跟银行借贷没有任何关系，就是一个记账符号而已，你也可以规定为左方和右方，或者东方和西方。就好比给人取名字，你可以叫他诸葛亮，也可叫他孔明，还可以叫他卧龙先生。真正重要的是，要记住这个符号代表的规定的意义。

"我们规定：针对不同地点的单车数量，借方表示增加，贷方表示减少；针对不同状态的单车数量，借方表示减少，贷方表示增加。请你记牢这个规定意义，我们接下来会用到它。

"我们应用复式记账法的记账规则——'有借必有贷,借贷必相等',来记录这个共享单车系统的变化情况。我们假设过了1天,单车发生了变动,在这1天的期间之内,单车的变动归纳起来有几种类型(如图6-2所示):

"a. 单车在甲地与乙地之间骑过来,骑过去;

"b. 单车的状态变过来,变过去;

"c. 从甲地或乙地调出不同状态的单车到其他地方(系统外);

"d. 从其他地方(系统外)调动不同状态的单车投入甲地或乙地。

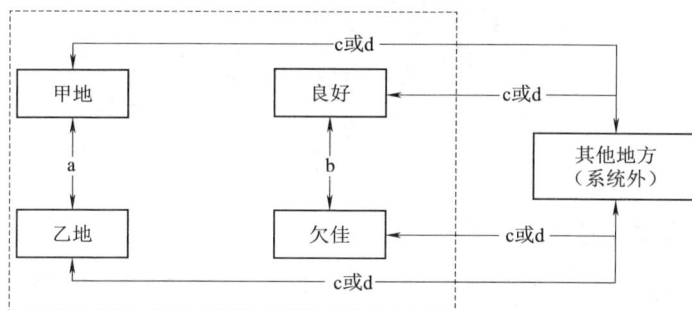

图 6-2　单车变化示意图

"具体的变化数量和记录的结果,我还是列个表(见表6-2)。

表 6-2　单车变动表

变动	变动事项	维度	借方	贷方	备　　注
a	2辆不同状态的单车被顾客从甲地骑到乙地	甲地		2	甲地单车减少,乙地单车增加,单车的状态没有发生变化
		乙地	2		
b	经过维修,有1辆状态欠佳的单车变为良好	良好		1	状态良好的单车增加,状态欠佳的单车减少,单车的地点没有发生变化
		欠佳	1		
c	1辆停放在乙地的状态欠佳的单车被调出到其他地方(系统外)	乙地		1	乙地单车减少,同时,状态欠佳的单车减少
		欠佳	1		
d	从其他地方(系统外)调入2辆状态良好的单车停放在甲地	甲地	2		甲地单车增加,同时,状态良好的单车增加
		良好		2	
合计			6	6	

"我们回忆一下最开始的规定：针对不同地点的单车数量，借方表示增加，贷方表示减少；针对不同状态的单车数量，借方表示减少，贷方表示增加。"

"所以你根据这个规则，把数量填写到表格中的借方和贷方？"徐总问道。

老彭："是的。我并不是最后汇总填写的，每一次变动，我就单独填写一次。我们只要汇总不同地点和不同状态的借方和贷方数量记录，就可以得到不同维度下单车的变动情况，同时，我们把这个变动情况与最初的数量分布相比较，我们就可以得到最新的数量分布。

"比如说，我们汇总乙地的单车变动数量，变动 a 增加（记入借方）2 辆，变动 c 减少（记入贷方）1 辆，借、贷方相抵，我们就可以得到总的变动是增加 1 辆。再与 1 月 1 日乙地单车的数量比较，即得到 1 月 2 日的乙地单车数量 6 辆。"

"其他维度中的项目也可以这样统计吗？"徐总问。

老彭："是的。结果是下面这个表（见表 6-3）。

"这种记录方法，在两个维度上，既可以统计一定期间的流量（变动过程），又可以统计某个时点间的存量（变动以后的结果）。并且，它始终确保两个维度的统计结果保持平衡，即不同地点的单车数量＝不同状态的单车数量。"

表 6-3　1 月 2 日单车数量分布表

不同地点单车数量		不同状态单车数量	
甲地	15	良好	13
乙地	6	欠佳	8
合计	21	合计	21

"真的是很精妙啊。"徐总不禁感叹。

老彭："还有更精妙的，如果把时间这个因素加进去，它还可以构成一个三维立体的记录系统。

"想象一下切片面包，不同日期的一片一片的面包片，连续的一个时间段就是那个包装袋，它把很多面包片叠放在一起，就是一个三维立体的形状。"

会计基本假设

"理解了复式记账法原理,我们来说一说财务会计理论的几个基本假设。"老彭道。

"理论假设? 假设什么?"徐总问。

老彭:"会计假设是对会计外部经济环境和不确定因素做出的合乎情理的判断。它是会计核算和编制财务报表的前提条件,财务会计理论有四个基本假设:会计主体假设、持续经营假设、会计分期假设和货币计量假设。"

1. 会计主体假设

"请你先讲一讲会计主体假设吧。"徐总道。

老彭:"财务会计记录任何事项,都要站在企业本身的角度来看问题。这在财务会计学上叫作会计主体假设。也就是说,财务报表报告的内容要与其他经济主体区分开来。

"会计核算和财务报表编制都要集中反映特定对象的生产经营活动。这有点类似于说话的立场。明确界定会计主体是财务报表确认、计量、报告的重要前提。"

"具体来说,在实务中是如何应用的呢?"徐总问。

老彭:"举个例子说吧,你的酒类销售公司是你独资设立的,整个公司都相当于你个人的私有财产。但是,在公司财务报表当中要严格区分,你是你,公司是公司。你个人的经济交易或者事项,不能纳入公司的财务报表范围,否则会引发混乱。在会计主体假设下,企业的财务报表只应当对企业自身发生的交易或事项进行确认、计量和报告，反映企业自身所从事的各项生产经营活动。"

徐总："我明白了。那会计主体都是指某一个公司吗?"

老彭："不一定，会计主体与法律主体不同。有时候，一个会计主体可能包括很多法律主体。比如说一个企业集团，母公司控制了多家子公司，为了全面反映这个企业集团的财务状况、经营成果和现金流量，就有必要将企业集团作为一个会计主体，编制合并财务报表。"

"相当于记录的范围扩大，囊括了多个子系统的内容。"徐总补充。

2. 持续经营假设

老彭："我们刚才说了空间范围，再来谈谈时间范围。

"时间是一个很重要的考虑因素，涉及两个会计假设，我们先说第一个，持续经营假设。它是假定会计主体既没有意图，也不需要进入清算程序或者终止经营，在可预期的将来，企业将会以当前的规模和状态继续经营下去，不会停业也不会大规模削减或变更业务。"

"为什么要有这个假设呢?"徐总问道。

老彭："不设定持续经营假设，而是在清算基础上进行会计核算，在会计原则和会计方法的选择上，将有很大差别。明确这个基本假设，意味着会计主体可以按照既定用途使用资产、按照既定合同义务清偿债务，才可能在这个基础上应用会计原则与会计方法。比如，固定资产折旧额计算，如果没有持续经营假设，资产的使用年限就无法估计，资产账面价值的确定方法就要发生根本性改变。"

3. 会计分期假设

徐总："另外一个与时间相关的是什么假设呢?"

老彭："是会计分期假设。

"现代企业不可能说今天干完就散伙撤资；然后等下一次有商业机会了，几个股东再投资设立一个企业来经营，经营完了又散伙。对于一个持续经营的企业来说,它的财务报表不可能一直等到企业清算时才提供。

"所以有必要人为地把持续的生产经营活动划分为一个一个连续的、间隔相等的期间,这个期间称作会计期间。通过会计期间划分,用每一期间的财务报表来反映这一会计期间内的财务业绩,这就是会计分期假设。"

徐总:"我现在明白财务部门为什么要每个月编制一次财务报表了,会计期间都是一个月吗?"

老彭:"不是,会计期间分为年度和中期。年度好理解,就是一个完整的会计年度作为一个会计期间;而中期是指短于一个完整的会计年度的报告期间,一般来说是指月度、季度或者半年。所以财务报告有年报、月报、季报、半年报的区分。"

"那么会计核算和财务报表编制,就只围绕这一个会计期间的经济业务进行吗?"徐总接着问。

老彭:"是的。不能把其他期间的经济业务记录到这一期间的财务报表当中,比如在 3 月份的利润表中,既不能反映 2 月份实现的收入,也不能反映 4 月份才发生的费用。"

4. 货币计量假设

"我一直有个疑问,为什么财务报表上只列金额,不列数量呢? 比如说,原材料有多少吨,汽车有多少辆?"徐总问道。

老彭:"因为财务报表建立在货币计量假设基础之上。

"在会计核算时,我们假定企业所有的经济业务都可以通过一定的货币金额来反映,这就是货币计量假设。

"因为货币金额是一个综合性很高的计量尺度。企业生产经营的各个方面的信息,基本上都可以通过货币金额进行一定程度的反映。换一种计量尺度,比如说重量单位,你可以用它来计量企业使用的计算机软件吗?"

徐总:"有道理,那么是不是还有一个好处,就是货币金额可以直接汇总相加?"

老彭："是的。如果混用各种计量尺度，则会导致整个会计核算系统计量混乱。"

"使用单一计量尺度，会不会导致信息遗漏？"徐总问。

老彭："会的。尤其是那种无法用货币计量的资产，很可能就没有在财务报表中反映，比如企业自创的品牌价值等。"

徐总："我还希望通过财务报表了解很多非货币计量的信息，比如我投资的这家机械设备销售公司，到目前为止库存有多少台机械设备。"

老彭："财务报表当中可能不会披露这么详细的信息。但是，你可以直接请公司财务部给你报告相关数据，这是上市公司那些中小投资者无法做到的。"

会计对象

"我们接着说一说会计对象。"老彭道。

徐总："什么是会计对象呢？"

老彭："就是财务会计所要反映的内容——以货币计量的企业经济活动，即企业价值运动过程。具体来说，企业价值运动过程的形式归纳起来有三种，你可以结合刚才那个共享单车的例子来理解。

"第一种形式是企业外的经济资源投入到企业内，请你参考共享单车例子的变动 d。任何企业要进行生产经营活动，必须拥有一定数量的经济资源，这些经济资源主要是通过筹资活动，从企业外部取得。其来源一方面是所有者的投资资本；另一方面是从银行或其他债权人处取得的债务资本。"

"投入到企业中的经济资源就好比是共享单车？所有者投入的投资资本和债权人投入的债务资本就好比是共享单车的两个不同状态？"徐总问道。

老彭:"是的。第二种形式是经济资源在企业的生产经营活动中周转循环。经济资源在采购、生产、销售几个阶段中不断变换形式。在采购阶段,货币资金转换成原材料;在生产阶段,原材料转换成产成品;在销售阶段,产成品再次转换成货币资金,周而复始,重复、重复、再重复。"

"就如同共享单车例子的变动 a,单车在甲地与乙地之间骑过来,骑过去。甲地和乙地就相当于不同的企业经济资源形式。"徐总道。

老彭:"你的理解是正确的。但是,我要特别提醒你:共享单车在甲地与乙地之间骑过来,骑过去,并不会在这个过程中产生出新的共享单车。而企业拥有与控制的经济资源,在企业的生产经营活中周转循环,却可以产生出新的经济资源增量。"

徐总:"这个我明白,共享单车当然不会'生儿子',企业生产经营活却可以产生利润。"

"第三种形式是企业拥有与控制的经济资源退出企业。企业生产经营活动过程中,一部分经济资源会因为各种原因退出企业,而不再被企业拥有与控制。"老彭接着说。

"一般有哪些原因呢?"徐总问。

老彭:"比如纳税,又比如向股东分红派息,再比如归还借款支付利息。你可以参考共享单车例子中的变动 c。"

会计要素

"会计对象反映的是企业资源进入、周转循环、退出企业的价值运动过程。由于交易或事项引起的价值运动变化纷繁复杂,千头万绪,如果不作分类则会杂乱无章，因此要区分不同的类别，并加以命名。这种根据交易或事项的经济特征而确定的会计对象的基本分类，就是会计要素。"老彭接着讲解。

"怪不得，有人说会计是分类的艺术。"徐总接道。

老彭："是的，会计核算的前提就是区分会计要素。因为会计信息有存量和流量两种状态，会计要素也相应地区分为反映存量的静态要素和反映流量的动态要素。"

"静态要素包括哪些项目呢？"徐总问。

老彭："静态要素包括资产、负债和所有者权益。这三个会计要素反映企业价值的存量。资产负债表就是这三个要素的集合。"

接着老彭具体讲起了这三个静态要素。

1. 资产

"资产是企业由于过去的交易或者事项而拥有与控制的现时经济资源。"老彭道。

徐总："有点抽象。"

老彭："分几个层次来理解，就比较好理解了。首先，资产是企业过去的交易或者事项导致的。未来的交易或者事项，无法形成资产。比如说，你打算明年五月份与我交易，我把我的小毛驴儿以五千元的价格卖给你，你不能现在就把我的小毛驴儿确认为你的资产。即既成事实，才会导致资产形成。

"第二个层次是，资产要被企业所拥有或控制。"

"拥有好理解，控制就比较不好界定。"徐总道。

老彭："控制就是要能主导经济资源的使用，并且从中获得几乎全部的经济利益。"

"这与所有权相关吗？"徐总问道。

老彭："不一定，比如说医院融资租入的医疗设备，在融资租赁期间是作为资产管理的,但医院在融资租赁期届满前,是不享有设备所有权的。所以,不一定必须享有所有权才达到控制。但是,享有所有权,是达到控制的迹象之一。"

"经济资源并不一定是实物资源吧? 比如说专利权也是经济资源,但它并不具有实物形态。"徐总进一步问道。

"是的。"老彭点头。"形成资产的经济资源并不必须指实物资源。实际上,这里的经济资源可以统一理解为权利——具备产生经济利益潜力的权利。不论实物资源也好,非实物资源也罢,都可以用这个概括。

"权利可以是与义务相关的权利,比如说收取现金的权利、获得商品或服务的权利、在有利条件下要求对方交换经济资源的权利等。这类权利可以具体化为应收账款、合同资产、金融看涨期权等。还可以是与义务不相关的权利,比如对不动产、设备、存货等实物对象的权利。享有这种权利,你可以决定销售它、出租它,把它用于生产其他商品等。这一类权利可以具体化为财务报表当中的存货、固定资产、无形资产等。总而言之,我们可以从具备产生经济利益潜力的权利这个角度来理解经济资源。"

徐总:"我明白了,资产可以理解为一种具备产生经济利益潜力的权利。"

2. 负债

"负债是企业由于过去的交易或者事项而承担的转移经济资源的现时义务。"老彭道。

"负债也要分几个层次来理解吗?"徐总问。

老彭:"是的。首先企业要承担现时义务,这个义务是企业无法避免的责任。履行这个义务,必然导致经济资源发生转移。另外,跟资产一样,这个义务也是由于过去的交易或事项产生的,未来的交易或事项不构成负债。"

"资产理解为现时权利,负债理解为现时义务。怪不得,一项买卖合同,虽然规定了权利和义务,但是在订立的时候,既不确认资产又不确认负债。"徐总恍然大悟。

老彭："是啊，权利义务对等，资产负债归零。只有当一方履行，而另外一方尚未履行时，才有可能确认合同资产或者合同负债。"

3. 所有者权益

"所有者权益是资产扣除负债以后的剩余权益。换言之，所有者权益就是投资者针对企业资产的负债之外的求偿权。"老彭道。

"从针对企业资产的求偿权角度来说，负债与所有者权益是非此即彼的关系？"徐总问道。

老彭："目前会计准则是这样规定的，但其实实务当中，有一些复合金融工具合同，既带有负债成分，又带有所有者权益成分，比如可转换债券。"

讲完了三个静态要求，老彭接着又讲起了反映价值流量的动态要素。

4. 收入

"收入是以资产和负债的变动来定义的，这种变动的结果又会影响所有者权益。所以，收入是引起所有者权益增加的资产增加或负债减少。但是，收入不包括投资者对企业的资本投入。"老彭道。

"凡是带有'收入'字样的财务报表项目，都属于收入要素吗？"徐总不禁问道。

"不是这样的，"老彭摇摇头，"收入作为财务报表要素，它只包括日常生产经营活动当中产生的各种经济利益流入。不是在日常生产经营活动中产生的经济利益流入，不属于收入要素，例如处置非流动资产、接受捐赠等事项产生的营业外收入就不属于收入要素。"

"为什么非得把这些非日常生产经营活动产生的经济利益流入排除在收入要素之外呢，反正都是经济利益流入，有区别吗？"徐总不明白。

老彭："这些不是在日常生产经营活动中产生的经济利益流入属于直接计

入当期利润的利得。这些利得虽然也会导致经济利益流入企业,但是,这种经济利益流入不具有长期持续性。企业创造财富,不能总是指望这些偶尔发生的利得。有的企业因为盈利达不到预期,就要花招,通过处置非流动资产来掩盖日常生产经营业绩的下滑,玩'盈利不够,卖房来凑'的把戏。所以区分收入与直接计入当期利润的利得非常重要,可以为财务报表使用者提供更加有用的信息。"

徐总:"不同的企业对日常生产经营活动的定义不同,那不同的企业收入要素包括的范围也是不同的,对吧?"

老彭:"是的。同样是卖房子,对于房地产商来说,就是日常生产经营活动;而对于制药公司来说,可能就是非日常生产经营活动,谁见过把出售厂房当成主营业务的制药公司呢? 甚至,同样是卖房子,同一家企业的会计处理都有可能不同。比如说,房地产商销售建造的以备出售的房子,这是日常生产经营活动,相关经济利益流入应该作为收入确认。但是,房地产商把自己用的办公楼卖了,所得经济利益流入就是非日常生产经营活动产生的利得。另外,收入也不包括投资者向企业的投入。"

徐总:"嗯,这个我能理解。投资者向企业投入资本是为了获得更多的价值,企业不能指望着靠投资者不断输血维持生存。"

5. 费用

老彭:"费用也是以资产和负债的变动来定义的,这种变动的结果也会影响所有者权益。费用是引起所有者权益减少的资产减少或者负债增加,但不包括企业对投资者的股息红利分配。"

"我觉得很奇怪,会计要素当中为什么没有成本?"徐总很好奇。

老彭:"哦,会计要素中的费用要素定义比较宽泛,不能仅仅理解为日常经营管理费用。它既包括那些在企业日常生产经营活动中发生的成本、日常费用,还包括正常的生产经营损失，比如，由于设计变更、报废处理无法再使用的零部件导致的损失。"

"这个定义与我们日常生活中的概念有点差异。"徐总说道。

老彭："你要记住，费用是日常生产经营活动中的经济利益流出或者消耗。它们的形式常常表现为现金、现金等价物、存货和不动产、设备的流出或者消耗。"

"有点复杂。"徐总表示自己理解起来有点困难。

老彭："是的，费用要素确实容易混淆。"

"说到混淆，我给你讲个笑话。我原来工作的酒厂领导喜欢锦鲤，厂区有好几个大型荷花池，里面养了不少锦鲤，由负责厂区绿化的员工定期投喂饲料。某一年，绿化组员工划归生产部门管理，养锦鲤的饲料以及其他绿化支出由生产部门列预算。财务部的成本费用主管就把采购饲料的支出计入制造费用当中。不仅如此，当年所有的绿化支出，全部都计入制造费用当中。"徐总道。

"不是所有名字叫费用的都是费用。"徐总笑着摇了摇头。"制造费用，名为费用，实际是生产成本的一部分，并不属于费用要素。它最终要结转到产品成本中。如果产品尚未销售，会形成存货的价值；如果产品已经销售，会结转入销售成本当中。这个不是闹笑话，这纯粹就是糊涂账。"

"确实是糊涂账。"徐总应声。

"成本领先是形成竞争优势的重要手段，成本核算都搞不准确，谈得上什么成本领先呢。"老彭感叹。

"你刚才说，费用要素包括生产经营活动中发生正常损失，那非正常的损失呢？"停顿了一下，徐总接着问。

老彭："非正常的损失虽然也会导致经济利益流出企业，但不是在日常生产经营活动中发生的。例如，自然灾害导致存货毁损、对外捐赠、处置固定资产导致损失，都是在非日常性的生产经营活动中发生的经济利益减少。这些经济利益流出是不能作为财务报表中的费用要素项目的。这些只能作为营业外支出项目。"

"这样子区别的意义也跟区分收入和直接计入当期利润的利得一样?"徐总问道。

老彭:"是的。这些非日常的经济利益流出,叫作直接计入当期利润的损失。之所以有这一界限的划分,所依据的是一个项目是否关系到评价企业未来产生现金和现金等价物的能力,非日常生产经营活动所导致的现金流量通常是不可持续的。企业要盈利,销售产品就是常态,只要有销售,就会发生产品销售成本;而对外捐赠则可能是偶尔为之。如果企业成天考虑的都是扶危济困、雪中送炭,那么它应该转型为非营利组织。"

6. 利润

"利润是企业一定会计期间的经营业绩,或者说是经营成果。通常来说,企业实现利润,意味着企业会计期末的所有者权益增加,除非企业把所有赚取的利润全部分配给投资者,一分不留。"老彭道。

"亏损就意味着企业会计期末的所有者权益减少?"徐总问道。

老彭:"是的。利润是收入减去费用以后的净额,当然,还包括直接计入当期利润的利得和损失。其中,收入减去费用的净额反映企业日常生产经营活动的经营成果;而直接计入当期利润的利得和损失则反映出企业非日常生产经营活动的结果。之所以要这么区分,在前面讲收入和费用时,已经讲过了。

"财务报表上的利润有三个层次。营业利润反映企业日常生产经营活动的经营成果,而利润总额则把非日常生产经营活动的最终结果也包括了进来,利润总额扣除所得税费用以后,就是投资者享有的经营成果——净利润。净利润在投资者和企业之间分配,留在企业中的那一部分就形成资产负债表上所有者权益的期末余额的增量。"

会计恒等式

1. 资产＝负债＋所有者权益

"你还记得我之前讲过，复式簿记的根本特征是商业所有权以及对与所有权相关的收益和损失的计算吗？"老彭问道。

徐总点点头。

老彭道："复式记账法作为一种二维记录系统，可以从资产本身增减变化的维度和与之相关的损益和资本价值增减变化的维度来记录同一项经济业务。"

"这个我也理解。"徐总道。

老彭："那就好。理解这些，那你就能理解会计恒等式。我先把第一个会计恒等式写出来。

"会计恒等式1　资产＝负债＋所有者权益。"

"等式的两边就代表记录会计对象的两个不同的维度？"徐总问道。

老彭："是的。好比说是一个硬币的两面，这一面是企业拥有与控制的资源（左边的资产），另一面是资本，即企业外部的权利人对这些资源的权利——负债代表债权人的权利，所有权者权益代表投资人的权利（右边的负债和所有者权益）。其实，只是看问题的角度不同，但硬币还是只有这一个。"

"我的理解是，等式左边（资产）是如何做蛋糕：面粉、鸡蛋、奶油等不同的原材料组合成一个资源的集合；等式右边（负债和所有者权益）是如何分蛋糕，不论债权人分多少，还是投资人分多少，总之能分到的，只有一个蛋糕（资产总额）。"徐总道。

老彭点点头，表示赞同，又道："也可以用共享单车的例子来理解。不同地点的共享单车就是不同类型的资产（比如流动资产和非流动资产）；共享单车的两种不同状态可以理解为负债与所有者权益，另外，我们改用货币来计量，计量单位从'辆'转变为'元'。我们就可以把表 6-1 和表 6-3 变换成如下两个表的形式（见表 6-4、表 6-5）。"

表 6-4 1 月 1 日资产负债表

不同资源		不同权利	
流动资产	15	负债	10
非流动资产	5	所有者权益	10
合计	20	合计	20

表 6-5 1 月 2 日资产负债表

不同资源		不同权利	
流动资产	15	负债	13
非流动资产	6	所有者权益	8
合计	21	合计	21

2. 收入－费用＝利润

"我发现个问题。"徐总道，"你刚才说，复式记账法作为一种二维记录系统，可以从资产本身增减变化的维度和与之相关的损益和资本价值增减变化的维度来记录同一项经济业务。按你这个说法，在同一个二维记录系统当中，除了用一个维度反应出资产的变化，还要用另外一个维度同时反映资本价值变化以及与之相关的收益和损失的计算。但是，会计恒等式 1 只体现出了资产与资本，收益和损失的计算并没有体现出来。"

"这就涉及第二个会计恒等式。"老彭笑道。

会计恒等式2　收入－费用＝利润

"你是说,在另外一个复式记账系统中会单独记录这个会计恒等式2中的会计要素吗?"徐总问道。

老彭:"不是,仍然在同一个复式记账系统中记录。换句话说,会计恒等式2实际上可以嵌入到会计恒等式1当中。"

"我不明白。"徐总摇了摇头。

"你要从资产和负债的变化来理解收入与费用。"老彭道。

"我们先把会计恒等式1变形成:资产－负债＝所有者权益。再从经济资源角度来理解收入和费用。收入是一个生产经营周期中从企业外部(客户)获得的经济资源(代表资产增加);而费用是一个生产经营周期中消耗掉的经济资源(代表资产减少)。"

"也就是说,从经济资源角度看,收入与费用可以统一到等式左边的资产的变化当中?"徐总迟疑道。

老彭:"是的,无非就是资产存量的变化。收入也可以理解为:一个生产经营周期中,债权人享有权利的减少;而费用可以理解为:一个生产经营周期中,债权人享有权利的增加。

"举个例子说吧。你从酒厂采购白酒,是不是应该付酒厂货款?在货款没有支付以前,酒厂是不是债权人? 你是债务人?

"我们假设你除了卖酒,还经营广告业务。你给酒厂制作了一个广告,是不是有广告收入? 酒厂是不是该付你广告费?

"现在酒厂说,我欠你广告费,但是呢,你欠我白酒货款,我们都不付钱,写个抵账协议,抵消债权债务吧。"

"我明白了,我取得广告费用收入的同时,减少了我应该支付给酒厂的白酒货款,即减少了酒厂作为债权人的权利。"徐总恍然大悟,接着道:"收入我理解了,那费用呢? 也请你举个例子吧。"

老彭："比如,你的酒业公司开专卖店,要发生水电费用,这个月的水电费用,下个月才缴纳。

"那对于这个月来说,相当于发生了一笔费用的同时债务增加,也就是水电公司对酒业公司的债权增加。"

"我明白了。收入和费用本质上就是资源(资产)的变化,或者承担的义务(负债)的变化,或者二者同时变化。"徐总得出结论。

老彭："一定记住,资产和负债发生变化,才会产生收入和费用。资产和负债发生变化是因,收入和费用的产生是果。"

徐总："我明白了。不过,我有个问题,你为什么要把会计恒等式 1 变形成:资产－负债＝所有者权益,而不是变形成:资产－所有者权益＝负债。然后再来解释收入与费用呢？ 或者说,你为什么不说所有者权益发生变化,产生收入和费用呢？"

老彭："因为所有者权益是剩余权益。"

徐总："为什么说是剩余权益?"

老彭："欠债还钱,天经地义。你开门做生意,不能说我把自己的那一份先拿走,欠人家的钱不还,对不对?"

徐总："哦,你的意思是说,所有者权益是资产减去负债以后的剩余权益,要先清偿完负债,有剩余才是投资者享有的权利。"

老彭："对啊,资产和负债发生变化,产生收入和费用。而这种变化的结果,即收入减去费用的差值,最终导致所有者权益发生增减。所以,所有者权益实际上也是资产和负债变化的结果。"

徐总："我明白了,如果用所有者权益发生变化来理解收入和费用,是倒因为果。所以收入和费用只能用资产和负债的变化来理解。"

"我画个图(如图 6-3 所示),你再加深一下理解吧。"老彭道。

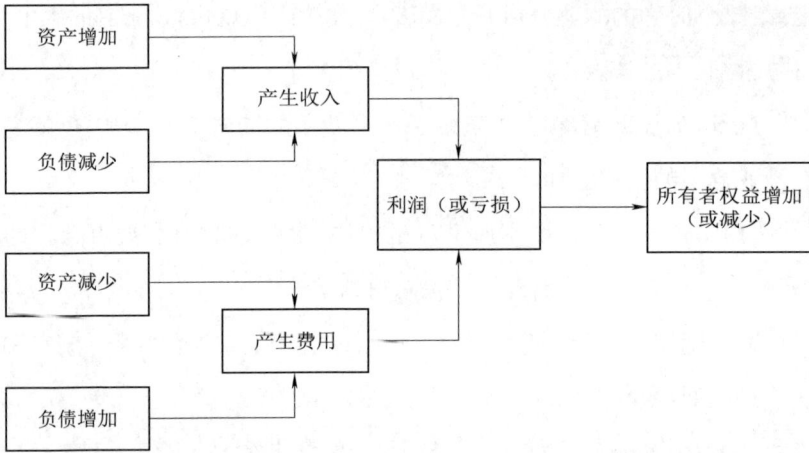

图 6-3　收入与费用

"我也画个图（如图 6-4 所示），说说我的理解。我觉得我这个图比你的更直观一些。"徐总笑道。

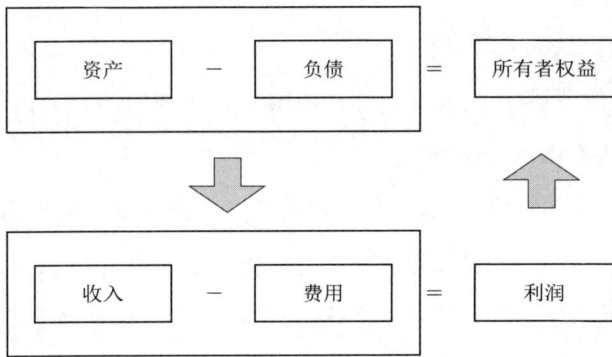

图 6-4　会计恒等式关系图

"我这个图可以解释为：资产与负债变化产生收入与费用，收入与费用变化的结果（利润或亏损），又回到所有者权益当中。"

"嗯，你这个图把两个会计恒等式联系起来了。"老彭点头表示肯定，"在数学表达上,也可以把会计恒等式 1 和会计恒等式 2 合并:资产＝负债＋(收入－费用)－分配股利＋其他综合收益＋投入资本。"

"为什么你加入了分配股利、其他综合收益以及投入资本?"徐总问道。

老彭:"这三项也会引起企业拥有与控制的资源发生变化,同时也会引起所有者权益发生变化。但是,这些项目不能包括在收入和费用里面,所以要单独列出来。"

"也就是说,引起资产变化的原因不仅仅是日常生产经营活动,也有可能是其他的交易和事项。"徐总道。

老彭:"是的。但是,请你一定记住,不论什么交易和事项,都统一记录在一个复式记账系统中,不存在第二个记录系统。记录规则仍然是'有借必有贷、借贷必相等'。无非是第二个记录维度的项目划分更细而已。"

徐总:"对照共享单车的例子,我就想象成,共享单车的状态种类变多了,比如从良好和欠佳,变成非常好、很好、一般、较差、很差。"

老彭:"嗯,你能理解这些就表示你学得差不多了,具体每一项经济业务和交易事项该如何借、如何贷,那是会计师应该掌握的内容。你不必了解太深入。总而言之,你需要理解,并记住会计恒等式,这是理解财务报表的基础,而这个基础,又根源于复式记账法。"

第七章 财务报表相关概念

老彭说：

一般所说的财务报表，都是指通用目的财务报表。它是为了满足广大使用者共同的财务信息需求而编制的财务报表。

财务报表的质量反映在几个方面。首先，财务报表信息要与决策相关；其次，财务报表信息要如实反映经营成果和财务状况、现金流量；最后，财务报表信息应该及时提供。

财务报表编制基础是编制财务报表时所依据的标准。各种编制基础的标准并不完全一致，甚至有互相冲突的规定。《企业会计准则》、《国际财务报告准则》和《美国公认会计原则》是在实务中常用的财务报表编制基础。

会计政策是依据《企业会计准则》的规定，结合企业实际情况制定的特定会计处理方法或程序。企业会计政策应当遵循《企业会计准则》，而不能直接按照税务相关法规来制定企业会计政策。

由于经营现金流量存在时间分布问题，财务报表报告企业的经营业绩，不能采用收付实现制，而必须采用权责发生制。权责发生制描述了交易及其他事项，在其发生实际影响的会计期间对企业财务状况的影响。

财务报表的主要使用者与报告目标

1. 财务报表的主要使用者

在徐总掌握了财务会计基础后,老彭开始向他讲一些与财务报表有关的概念。他先从通用目的财务报表的主要使用者开始。

老彭:"我们一般所说的财务报表,都是指通用目的的财务报表。它是为了满足广大使用者共同的财务信息需求而编制的财务报表。"

"为什么要界定主要使用者呢?"徐总问道。

老彭:"因为财务报表的使用者众多,除了现有和潜在投资者、贷款人和其他债权人以外,还有企业内部管理者、政府、金融机构等(如图 7-1 所示)。他们的信息需求和关注的事项各不相同,甚至相互抵触。你想一想,同一套财务报表能满足所有使用者的需求吗?"

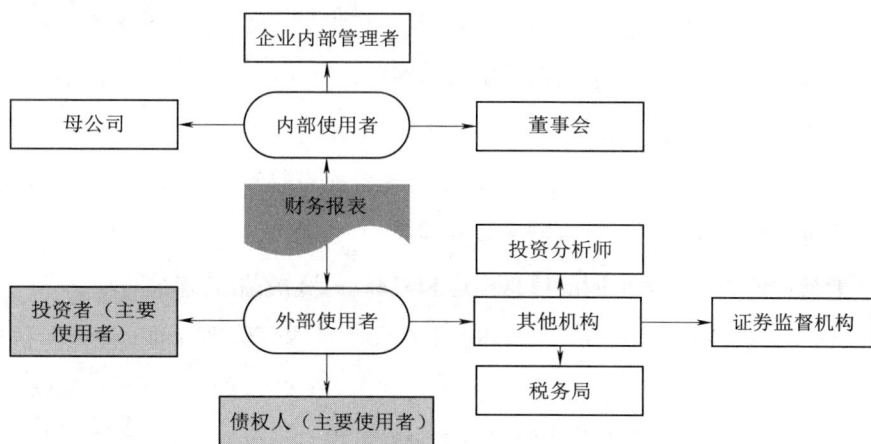

图 7-1 财务报表的使用者

"各方利益诉求不一致，当然不可能满足所有财务报表使用者的需求。"徐总答道。

老彭："既然无法做到面面俱到，照顾所有财务报表使用者的信息需求，那么财务报表就必须确定主要的使用者，重点反映这些使用者所需要的财务信息。使用者的信息需求还是有一定共性的，所以财务报表尽量满足共性的信息需求，报告通用信息，力求满足大多数使用者的财务信息需求。"

"那财务报表的主要使用者有哪些呢？"徐总问道。

"财务报表的主要使用者有：现有和潜在投资者、贷款人和其他债权人。"老彭答。

"那么企业内部的管理者呢？为什么不把他们界定为财务报表的主要使用者？"徐总忙问。

老彭："虽然企业内部管理者也是财务报表的使用者，同样关注企业的财务信息，但是，企业内部管理者不需要依赖财务报表，因为他们还可以从企业内部其他渠道获取财务信息。比如，我以前讲过的管理会计报告，外部投资者和债权人无法取得，而企业内部的管理者却可以从中获取财务信息；再比如，企业内部管理者可以直接调取财务信息系统中的明细账，甚至财务会计凭证，这些都是外部投资者和债权人无法做到的。"

徐总："也就是说，就算不把企业内部管理者视为财务报表的主要使用者，也不会影响企业内部管理者获取财务信息？"

老彭："是的。因为他们的信息渠道和来源不受财务报表本身的限制。"

"但是，这会不会导致财务报表本身忽略了企业内部管理者的一些财务信息需求？"徐总又问。

"肯定会。"老彭不假思索，"实际上编制财务报表是由细到粗的过程，数据不断汇总，越来越概括，就好比是用筛子筛砂石，细小的都漏掉，留下的都是粗颗粒。这些粗颗粒信息满足外部投资者的信息需求是足够的。企业内部管理者却不能仅仅凭这些粗颗粒信息来管理生产经营活动。"

"怪不得,有时候我会听到一些企业老总抱怨,财务报表没有什么用。"徐总如是道。

老彭:"有没有用,一方面,要看财务报表编得好不好;另一方面,也要看如何用。财务报表是由内而外的,或者说主要面向企业外部的财务信息需求,尤其是资本市场投资者的信息需求。财务报表信息虽然不能满足企业内部管理者的全部财务信息需求,但是可以做到部分满足。因此,经营管理者必须要对财务报表有一定的了解,要能读得懂,会分析。"

"我认同你这个观点。"徐总点头。"如果我觉得财务报表没有什么用,我就不会找你来给我讲解财务报表的知识啦。"

"其他利益相关方呢? 比如,税务局、证券监管机构,是不是财务报表的主要使用者?"徐总又问道。

老彭:"他们也可能认为财务报表是有用的,但是财务报表并非主要为他们编制。比如说税务局,虽然每个月企业要向税务局报送财务报表,但是财务报表信息仅供参考,确定税额的依据不是企业报送的财务报表,而是纳税申报表。"

2. 财务报表的报告目标

"确定了财务报表的主要使用者,也就决定了财务报表的报告目标——提供关于企业的、有助于现有和潜在投资者、贷款人和其他债权人做出向企业提供资源的决策有用财务信息。"老彭道。

"财务报表的报告目标侧重于满足资源配置决策的财务信息需求?"徐总问道。

老彭:"不能仅仅理解为满足资源配置决策的信息需求。除此之外,投资者、贷款人还可能需要做出诸如：留用、更换董事会成员，评价管理层受托责任等决策，也需要财务报表提供相关信息作为决策依据。"

财务报表质量要求

徐总："你前面提到财务报表的报告目标是提供有用的决策信息。这个'有用'，如何来判断呢？"

老彭："高质量的财务报表信息才是有用信息，而质量高不高，要从以下几个方面来判断。

"首先，财务报表信息要与决策相关；其次，财务报表信息要如实反映经营成果和财务状况、现金流量；最后，财务报表信息应该及时提供。"

于是，老彭向徐总详细介绍财务报表的质量要求。

1. 信息相关

老彭："我们先说财务报表信息要与决策相关，就是指财务报表信息能够对使用者的决策产生影响。"

徐总："也就是说，知道这个信息与不知道这个信息所做出的决策是不相同的？"

老彭："是这么理解。如果财务信息具有预测价值、证实价值或者两者兼有，就能够对决策产生影响。预测价值是指，财务报表信息能够用于对未来的结果做出合理的估计。也就是说，如果财务报表信息能够被使用者在预测未来结果的过程中作为输入值，则该财务信息具有预测价值。

"举个例子,你在股票市场投资一只股票,你采用的估值技术是剩余收益分析法——预测盈利和账面价值。在这种方法下,股票的价值等于所有者权益目前的账面价值与预计未来剩余收益的现值之和。企业所有者权益目前的账面价值这个数据从哪里来? 当然是从财务报表里来。那这个财务报表信息在预测未来结果的过程中,是不是作为预测模型的输入值? 它有没有预测价值? 与你的股票投资决策相不相关?"

徐总:"我明白了,财务报表信息本身不一定是预测值,而是说财务报表信息在使用者做出合理预测时被使用。"

老彭:"如果财务报表信息提供了关于之前估计的反馈——证实估计结果或者修正估计结果,则该财务信息具有证实价值。比如说,编制年度预算时,预计下一年的收入总额是 100 万元。到下一年结束,财务报表显示,收入总额是 102 万元,那么财务报表信息就证实了上一年的年度预算中对收入的估计是基本靠谱的。"

徐总:"那么预测价值和证实价值实际上是相互关联的咯?"

老彭:"是的,具有预测价值的财务报表信息通常具有证实价值。我们还是以收入来举例。本年度的收入数据,可以作为预测下一年收入的基础,同时,也可以用来跟上一年度的收入数据对比。"

2. 如实反映

"我们再来说说,财务报表信息要如实反映企业的经营成果和财务状况以及现金流量。"老彭道。"从理论上来说,财务报表信息可能包含三个因素,其一是企业的真实经营结果;其二是计量误差;其三是人为偏差。"

"其一我能理解,其二是指什么?"徐总问道。

老彭:"财务报表中的数据并不完全是实实在在已经发生的数据,有很大一部分财务报表数据实际上是会计估计的结果。比如要估计期末应收账款的可回收金额。由于这些会计估计具有高度不确定性，所以计量误差是在所难免的。"

徐总："既然会计估计可能导致计量误差，为什么还要估计呢，实实在在是多少，财务报表就报告多少，不是更好吗？"

老彭："我们就拿应收账款来说，如果财务报表仅仅报告应收账款账面余额，完全不考虑坏账的可能性，你觉得这个财务报表的数据对决策有用吗？当然，你可以说，财务报表使用者可以自己估计一个未来发生坏账的金额，问题是，外部投资者更了解企业生产经营状况呢，还是企业内部管理者更了解？是外部投资者的估计值精确一些，还是企业内部管理者的估计值精确一些呢？"

徐总："我明白了，如果财务报表对会计估计进行清晰准确的描述与解释，那么使用合理的会计估计并不会有损于财务报表信息的有用性。"

老彭："对啊，财务报表上这个估计值是怎么计算出来的，计算模型合不合理，才是问题的要害。不能因噎废食，把所有会计估计一竿子打翻在地。"

"请你再说一下人为偏差吧。"徐总道。

老彭："人为偏差可能是有意为之，也有可能是无心之失。这让我想起一个实务中的会计估计案例。这个案例表面上是计量误差，实际上很可能是有意为之的人为偏差。

"2012年，某工程机械 A 股上市公司大幅下调应收账款的坏账准备计提比例，导致当年净利润增加。从随后几年的实际情况来看，坏账准备的计提比例不仅不应该下调，反而应该加大计提比例。"

"估计不准是很正常的啊，可是在 2012 年，谁又能准确预测未来几年的事情呢？"徐总说道。

老彭："你不了解工程机械行业，这个行业有周期性。2012 年行业周期已经进入拐点，只要是了解这个行业的人都清楚，未来几年应收账款坏账损失的可能性有很大概率要上升，如果是诚信估计，是不会不考虑这些因素的。"

3. 实质重于形式

"那么，只要不存在人为偏差，这样的财务报表信息就可以说是如实反映了吧?"徐总道。

老彭:"不一定。你还要看它是不是实质重于形式地反映了经济业务的本质特征。"

"什么叫实质重于形式呢?"徐总问道。

老彭:"就是说，应当按照交易或者事项的经济实质进行确认、计量和报告，不应仅以交易或者事项的法律形式为依据。

"我给你举个例子。2014 年，我在一个公司担任财务总监，这个公司销售大型农业机械，允许客户分期付款采购。公司为了防范货款回收风险，在合同条款中约定，客户支付完所有货款以前，机械设备的所有权不转移。所有权保留条款很正常，这是很多公司的常规操作。可是来审计财务报表的审计师不了解这个情况，她认为，合同条款明确显示所有权没有转移，公司不能确认收入，只能视同租赁进行会计处理。"

"那你怎么办呢?"徐总很好奇。

老彭:"实质重于形式啊，我会同公司律师一起，给她摆事实，讲道理。我说，虽然所有权没有转移，但是公司设定这一合同条款的经济实质是防范货款回收风险，而不是不转移所有权。并且，客户提取设备以后，该设备的控制权已经转移，客户能够主导该商品的使用并从中获得几乎全部的经济利益，也承担该设备损毁灭失的风险。最后，她请示会计师事务所的签字合伙人同意以后，变更了审计意见。

"总而言之，财务报表的如实反映，不仅仅是数字准不准的问题，还涉及诸多会计职业判断。所以一张财务报表是不是公允、完整地呈现了企业的经营成果、财务状况、现金流量以及与之相关的风险，与会计人员的职业素养、专业水平，有很大关系。"

"如果经营管理者欠缺财务报表相关知识，就看不出这里面的问题。"徐总点头说道。

4. 及时提供

老彭："财务报表质量不高，还有一种表现，就是财务报表提供不及时。在竞争激烈的经营环境中，财务报表信息对时效性的要求是非常高的。你想一想，这个月的财务报表，要到下一个月的二十几号才能提供出来，这样的财务报表信息对企业内部管理者有多大用处？还谈得上什么财务报表质量？"

"若是有这么晚提供的，黄花菜都凉了。"徐总说道。

老彭："我在实务中还真遇到过这种情况，还不是发生在小公司的财务部门。这里我要提醒你注意防范一种财务部门的'特殊操作'。有的财务部门为了在规定时间内提供报表，不是从提升工作效率着手解决问题，而是通过调节财务报表反映的会计期间来达到目的。

"比如说，有的财务部门规定费用报销的结账日为当月 25 日，25 日以后发生的费用全部计入下月的财务报表中。"

"也就是说，当月的财务报表不仅没有完整反映当月的生产经营实际情况，还把不属于当月的财务信息纳入当月报表当中。"徐总道。

老彭："在手工做账时代，这种操作还情有可原。但如今会计都要进入人工智能时代了，这种操作就确实属于'特殊操作'。"

财务报表编制基础

"财务报表是不是有确认、计量、报告的各项标准？"徐总问道。

老彭："是的，财务报表编制基础就是财务报表编制时所依据的标准。在实务中，虽然都是中国企业，但由于其面对特殊的资本市场（比如在境外上市的公司），其财务报表使用的编制基础可能并不都是由我国财政部颁布的《企业会计准则》，有可能是《国际财务报告准则》（IFRS），甚至可能是美国《公认会计原则》（US GAAP）。各种编制基础的标准并不完全一致，甚至有互相冲突的规定。"老彭开始向徐总简要介绍财务报表的编制基础。

1. 我国的企业会计准则体系

"我国的《企业会计准则》由财政部会计司负责草拟，经财政部批准发布后施行。现行的企业会计准则体系由基本准则、具体准则、应用指南和解释组成。

"基本准则规范了财务报表目标、会计基本假设、会计信息质量要求、会计要素的定义及确认、计量属性等一系列最基本的问题，是制定具体准则的基础。另外，当实务中出现具体准则尚未规范的新问题时，基本准则还可以为会计处理提供原则性依据。

"具体准则是在基本准则的指导下，对企业各项资产、负债、所有者权益、收入、费用、利润及相关交易事项的确认、计量和报告进行具体规范的会计准则。在实务应用层面，涉及最多的就是各项具体准则。截至目前，财政部已经发布了42项具体会计准则，比如《企业会计准则第 1 号——存货》《企业会计准则第 14 号——收入》等。

"应用指南是对具体准则的细化，因为具体准则要落到实处，就需要对有关会计处理重点、难点问题提供操作性的指南。所以在发布具体准则以后，一般来说都会配套发布相关的应用指南，以供企业在具体应用准则时参考。

"另外，针对具体会计准则实施过程当中出现的问题，财政部也会发布一些准则解释，对具体准则条款规定不清楚或者尚未规定的问题做出补充说明。"

"所有企业都应该遵守企业会计准则的规范吗？"徐总听完后问道。

老彭："不一定，比如小型企业，就有其他的标准。2011 年，财政部专门针对小型企业，制定发布了《小企业会计准则》。另外，以前发布实施的《企业会计制度》也还没有明文宣布废止，所以有的企业还在遵照《企业会计制度》的标准出具财务报表。"

2. 美国公认会计原则和国际财务报告准则

"境外上市的公司的财务报表编制基础为什么不能是我国的企业会计准则呢？"徐总问道。

老彭："不是不能，而是向投资者提供的财务报表，要以特定资本市场要求的财务报表编制基础为准。比如说，在美国上市，就要遵照美国资本市场要求的标准。

"美国的会计准则称为《公认会计原则》。是由美国证券交易委员会（SEC）委托财务会计准则委员会（FASB）制定。"

"除了美国的以外，还有其他的财务报表编制基础吗？"徐总接着问道。

老彭："有的。比如《国际财务报告准则》（IFRS）。1973 年成立于英国伦敦的国际会计准则委员会（IASC）是今天国际会计准则理事会（IASB）的前身。2001 年，国际会计准则委员会改组成为国际会计准则理事会，同时《国际会计准则》（IAS）也被重新命名为《国际财务报告准则》，但是《国际会计准则》仍然有效（已经被明确废止的除外）。国际会计准则理事会负责会计准则制定，国际财务报告准则基金会负责监督国际会计准则理事会以及为其融资。"

徐总："《公认会计原则》和《国际财务报告准则》有什么差异呢？"

老彭："一般认为，美国《公认会计原则》体系更为详细，以规则为导向；而《国际财务报告准则》被认为更多地以原则为导向。"

3. 企业会计政策

"那么企业在编制财务报表时，是不是就拿着这些财务报表编制基础，根据会计准则的要求，依葫芦画瓢就可以了？"徐总问道。

"不是这样的，"老彭摇摇头，"编制财务报表，并不是拿着《企业会计准则》照猫画虎。在某些具体交易和事项的会计处理上,《企业会计准则》提供了多种选择。例如,《企业会计准则第2号——存货》提供了个别计价法、先进先出法、加权平均法、移动平均法等多种存货发出成本确定方法,供企业选择应用;《企业会计准则第4号——固定资产》提供了年限平均法、工作量法、双倍余额递减法和年数总和法等多种固定资产折旧方法,供企业选择应用。企业需要依据企业的业务实际情况,有针对性地选择合适的会计处理方法或程序。这种依据《企业会计准则》的规定,结合企业实际情况制定的特定会计处理方法或程序,就是企业会计政策。比如说,企业选定加权平均法作为存货发出成本的确定方法。

"企业会计政策可以由财务部门制定,但是必须经过公司批准才能实施。并且,不经批准财务部门不得随意变更会计政策。"

4. 会计政策与税务法规的关系

"说到会计政策,我要提醒你一个事情,"老彭说道,"在实务中,一些企业的财务部门图省事,直接按照税务相关法规来制定自己企业的会计政策。"

"会计政策难道不应该遵守税务法规的要求吗?"徐总很惊讶。

"请你记住我一句话:'会计准则是会计准则;税法是税法。'老彭道。

徐总:"我不明白。"

老彭:"企业生产经营当然要遵纪守法,尤其是税收法规。但是,财务报表并不是为纳税目的而编制的,当遇到会计准则与税务法规不一致时,企业会计政策必须遵循《企业会计准则》(或者其他财务报表编制基础)的规范,而不是遵循税收法规的规范。"

"那不是要违反税法规定吗?"徐总瞪大眼睛表示不相信。

老彭:"不是这样理解的。企业申报纳税的依据,不是财务报表(尽管也要向税务局报送),而是向税务局报送的《纳税申报表》及其附属资料。在这个表上,要严格按照税务法规的要求来提供信息。"

"哦，我明白了，用我们老家话来说，就是桥归桥，路归路。"徐总道。"那么，在实务中，你遇到过直接按照税务相关法规来制定企业会计政策的案例吗？"

老彭："有啊。比如说，有的企业按照《企业所得税法》规定的固定资产折旧年限，来确定企业固定资产的折旧年限，不论这个折旧年限是不是与企业固定资产实际使用情况相符合。这种做法，会扭曲财务报表信息，误导报表使用者。

"比如说，某个公司在恶劣的工作环境中，使用一种高价值的工作器具。由于工作环境恶劣，工作器具一般使用 3 年左右就无法正常工作了，必须更换。但是该公司财务部门在拟定会计政策时，把这种工作器具的折旧年限设定为 5 年。"

"为什么要设定为 5 年呢？"徐总问道。

老彭："因为《企业所得税法》规定：与生产经营活动有关的器具、工具、家具等，折旧年限为 5 年。为了避免在填写《纳税申报表》时调整折旧额的麻烦，所以有的财务部门会这样设定。"

"这样整法，就有点削足适履的意思了。"徐总道。

老彭："是的。从财务部门制定的企业会计政策中，不仅能看出企业财务部门领导的专业水平，更能看出她的职业道德水平。"

"看来所谓认真负责，不仅仅是看这个财务领导有没有把数字算错啊。"徐总感叹。

权责发生制与收付实现制

"你前面提到期末应收账款要估计可回收金额，我有个问题要问你。"徐总说道。

"为什么要在财务报表上反映应收账款呢？可不可以就以实际收到的货款为准来确认收入，收到多少确认多少，这样也省去了会计估计的麻烦，而且还不存在计量误差，更不存在人为偏差——想通过计提坏账准备来财务造假，都没有机会。"

老彭："这个问题问得好。我先给你举个例子。假设有一个公司，在1月1日采购了90件货物，分三个月销售，每个月都销售30件。采购付款日是1月1日，销售收款政策为当月销售，下月收款。列成一张表（见表7-1）如下。

"我把这张表上的经营现金流量和利润情况整理一下成为这个表（见表7-2）。

"看出什么问题了吗？"

徐总摇摇头。

老彭："那我根据这张表（表7-2）画个图（图7-2）吧。"

表 7-1　采购销售明细表

时　间	事　项	财务报表项目	一月	二月	三月	四月
1月1日	支付90元，采购存货90件	现金	−90			
1月31日	销售存货30件，2元/件	收入	60			
1月31日	结转当月销售成本30件，1元/件	成本	−30			
2月1日	收回货款60元	现金		60		
2月28日	销售存货30件，2元/件	收入		60		
2月28日	结转当月销售成本30件，1元/件	成本		−30		
3月1日	收回货款60元	现金			60	
3月31日	销售存货30件，2元/件	收入			60	
3月31日	结转当月销售成本30件，1元/件	成本			−30	
4月1日	收回货款60元	现金				60

表 7-2　经营现金流量与利润对比表

项　目	一月	二月	三月
经营现金流量	−90	60	60
利润	30	30	30

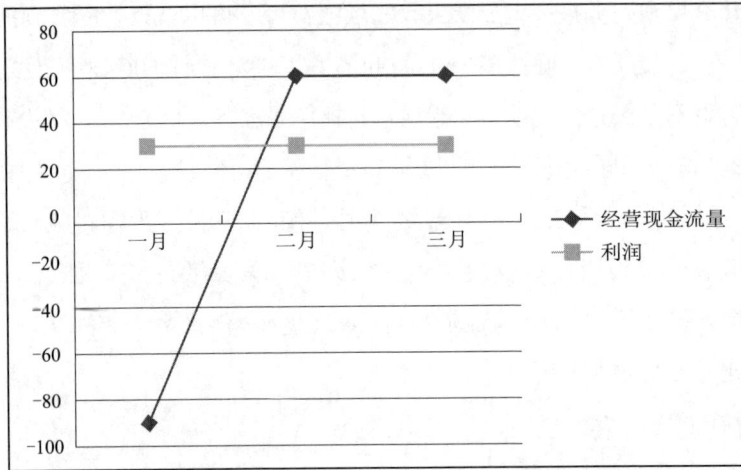

图 7-2　经营现金流量与利润对比图

老彭："现在看出来了吗？"

"你的意思是说，各月之间，利润很平稳，但是经营现金流量的波动却非常大？"徐总迟疑道。

老彭："对啊。如果一个企业经营非常稳定，经营现金流量完全不存在时间分布问题，那么用经营现金流量来衡量企业的经营业绩是没有问题的。比如，开一个不论采购还是销售都是现款现货的餐馆，就可以这样。但是大多数企业的实际情况不是这样的。在生产经营过程中，存在大量的应收应付项目，比如赊销产生的应收账款，次月申报纳税产生的应交税费等。从企业价值的角度来看，这些应收应付项目实际上是企业非现金的价值流。在衡量一个会计期间的经营业绩时，不能忽视这些非现金的价值。"

徐总："嗯，直观地从图（图 7-2）上就可以理解，因为每个月都销售 30 件存货，1～3 月份的销售业绩是很平稳的，但经营现金流量却不能反映出这种实际情况。"

老彭："所以财务报表报告企业的经营业绩，不能采取收付实现制，即收到多少现金确认多少收入，支付多少现金确认多少成本和费用。"

"那么采用什么办法呢?"徐总问道。

老彭:"财务专业术语叫作权责发生制。它是描述交易及其他事项在其发生实际影响的会计期间，对企业的资产和负债的影响，即使由此产生的现金收入或支出在不同的期间内发生。"

"听不懂。"徐总眉头皱得老高。

"那我解释一下吧。你还记得我之前说过，资产与负债的变动产生收入与费用吗?

"权责发生制就是说，如果资产与负债在某个会计期间受到影响而发生变化，那么就在那个会计期间确认收入与费用，不管在这个会计期间是不是实际收到或支付了现金。

"对照刚才那个例子，虽然本月销售的货物下月才收款，仍然在本月就要确认销售收入与销售成本，因为销售交易对资产与负债的影响是在本月。

"所以请你记住，财务报表反映的企业经营业绩，并不是经营现金流量反映出来的流入量与流出量之差，即经营净现金流量;而是考虑了应收应付项目以后，企业价值增减变动的结果。实际上，权责发生制的净利润，可以通过经营现金净流量调整应收应付项目来得到。"

徐总点点头，表示理解了。

第八章 财务报表确认与计量

老彭说：

　　财务报表是企业对外提供的，反映企业财务状况、经营业绩、现金流量的综合性会计文件，完整的财务报表不仅仅是几张表格，还应当包含必要的附注信息。具体来说，一个完整的财务报表包括：资产负债表、利润表、现金流量表、所有者权益变动表和财务报表附注。

　　资产负债表反映了企业在一个特定的时间点（通常是会计期末）的整体财务状况。利润表反映一定会计期间（两个资产负债表日之间），企业生产经营实现的经营业绩。现金流量表是对两个资产负债表日之间的现金及现金等价物变动的解释。所有者权益变动表反映资产负债表中所有者权益项目各组成部分，在这一会计期间的增减变化情况。不论利润还是现金流量表，其实都是对资产负债表的补充说明。

　　各种交易和事项记录到财务报表当中的过程称为会计确认。只有符合资产、负债或所有者权益定义的项目才能在资产负债表当中确认。只有符合收入、费用定义的项目才能在利润表中确认。从财务报表当中移出全部或部分已确认资产、负债的过程，称为终止确认。企业在有关项目不再满足资产、负债的定义时，进行终止确认。

　　财务报表的计量基础有多种选择，比如历史成本计量、公允价值计量等。实际上，财务报表是一个混合计量系统。一部分财务报表项目以历史成本计量，而另外一部分财务报表项目以公允价值计量。

财务报表构成和分类

1. 财务报表组成部分

在搞清楚了财务报表的一些相关概念后，老彭开始讲解财务报表本身的内容。

老彭："财务报表是企业对外提供的，反映企业财务状况、经营业绩、现金流量的综合性会计文件。完整的财务报表不仅仅是几张表格，还应当包含必要的附注信息。一个完整的财务报表包括（如图 8-1 所示）这几个部分：资产负债表、利润表、现金流量表、所有者权益变动表和财务报表附注。财务报表的这些组成部分具有同等重要程度。"说着，老彭递给了徐总一张图。

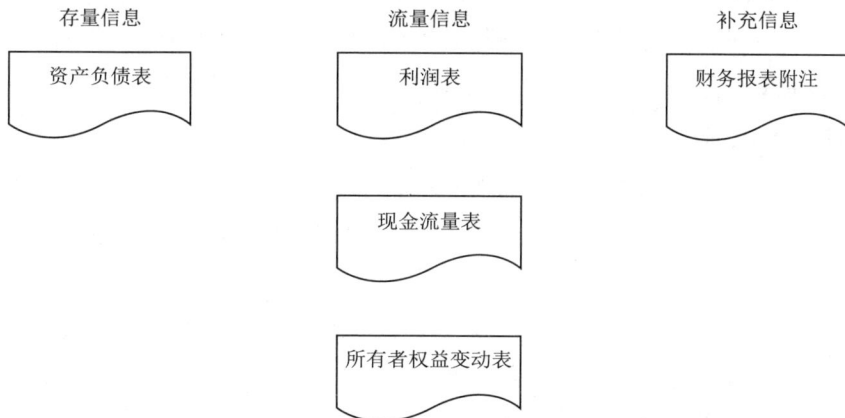

图 8-1 财务报表组成部分

"你能不能详细介绍一下财务报表的这些组成部分？"徐总看着图向老彭问道。

2. 资产负债表

"我先介绍资产负债表。它反映了企业在一个特定的时间点（通常是会计期末）的整体财务状况。财务状况有两个方面，一方面是企业拥有与控制的经济资源，另一方面是这些经济资源的来源，即企业的现时义务和投资者对企业净资产的求偿权。资产负债表反映的是存量信息，它就如同一张企业财务状况的照片，定格企业财务状况一个特定的瞬间。它是静态的，同时它又是累计的，它反映了企业自成立以来到资产负债表日所有生产经营决策的结果。"

"有点像我们到医院体检，抽血化验各项生理指标，化验结果只反映出我们身体的当前状况。"徐总类比道。

老彭点点头："嗯，有点类似。"

"资产负债表中的各个财务报表项目就是企业财务状况的具体化吗？"徐总问。

老彭："是的。比如资产类项目，可以体现出企业拥有与控制的经济资源的分布状态。哪些是可以快速变现的，哪些是变现缓慢的，一目了然。通过分析这些具体财务报表项目，可以了解企业的变现能力、偿债能力和周转效率等情况。"

3. 利润表

"利润表反映一定会计期间（两个资产负债表日之间）企业生产经营实现的经营业绩——为企业投资者带来的净利润（或亏损）。它不像资产负债表那样反映资产负债表日的存量信息，而是反映两个资产负债表日之间的流量信息。利润表就像一段电影胶片，记录企业在一定会计期间的各种交易与事项导致的资产与负债的变化过程，而期初和期末的资产负债表则是这段电影胶片的片头与片尾。"老彭接着说道。

"资产与负债变化，产生收入与费用，收入与费用的净结果，即利润表中的净利润（或亏损），最终体现到资产负债表的所有者权益当中。净利润除去分配给投资者的那一部分（股息红利），余下的留存在企业当中，形成所有者权益的一部分——留存收益（盈余公积和未分配利润）。"

"所以可以把利润表看成是资产负债表中所有者权益项目增减变动的解释。"徐总道。

"是部分解释。"老彭纠正道，"是对与生产经营相关的所有者权益变动的解释。"

"哦,对了,你之前说过,非生产经营活动也可以导致所有者权益发生变化,比如投资者投入新的资本。"徐总连忙说道。

4. 现金流量表

"现金流量表是对两个资产负债表日之间的现金及现金等价物变动的解释。它是一定期间,各种经营决策造成现金及现金等价物变化的动态反映。"老彭道。

"什么叫现金等价物呢?"徐总问。

老彭:"现金等价物是企业持有的期限短、流动性强、易于转换为已知金额现金、价值变动风险很小的投资。现金及现金等价物不完全等同于货币资金。所以现金流量表中的'期末现金及现金等价物余额'与资产负债表中的'货币资金'项目余额有可能不相等。比如说到期日在三个月以内的银行承兑汇票,被算作现金等价物,却不在货币资金项目中列报。

"现金流量表把现金及现金等价物的变化分成三个部分来反映,即经营活动现金流量、投资活动现金流量、筹资活动现金流量。这三个部分又包含不同的具体项目,这些项目从不同的角度反映现金与现金等价物的流动,弥补了资产负债表和利润表没有反映的内容(如图 8-2 所示)。"

徐总:"现金流量表也是以权责发生制为基础吗?"

老彭:"不是的。正因为资产负债表和利润表以权责发生制为基础,无法体现企业的现金和现金等价物的变动情况,所以才会单独编制以收付实现制为基础的现金流量表。这对于了解企业净利润的质量很重要。

"现金流量表有直接法和间接法两种编制方法。"

"直接法和间接法有什么区别?"徐总问道。

老彭:"直接法以营业收入为编制起点,调节生产经营活动中有关项目的增减变化,最后计算出经营活动的现金流量。而间接法,以净利润为编制起点,这种方法实质上就是把权责发生制的经营成果净利润,调整为收付实现制的经营成果:经营活动净现金流量。"

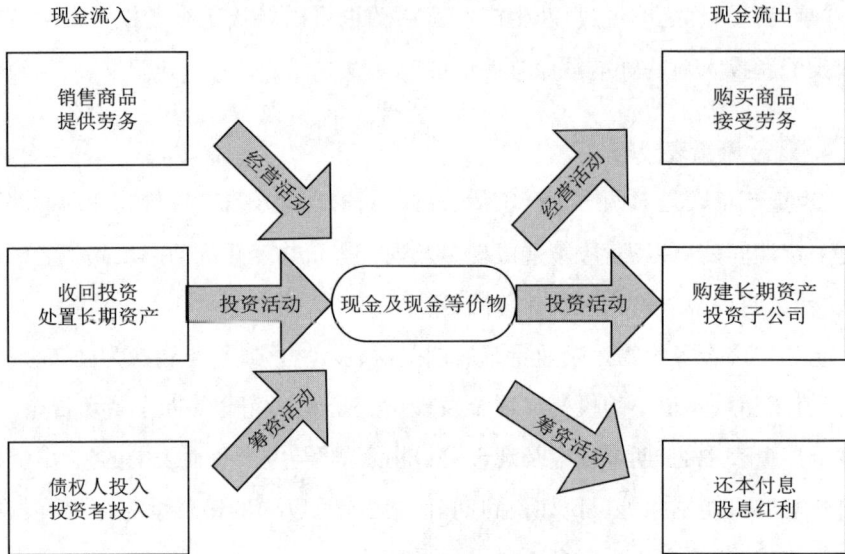

图 8-2　现金流量表示意图

5. 所有者权益变动表

老彭："所有者权益变动表，反映资产负债表中所有者权益项目各组成部分，在这一会计期间的增减变化情况。所有者权益变动表是一个矩阵。"

徐总："二维关系？"

老彭："是的。一方面列报导致所有者权益变动的交易或事项；另外一方面按照所有者权益各组成部分及其总额，列报交易或事项对所有者权益的影响。"

6. 财务报表附注

老彭："财务报表附注是对报表中列示项目的文字描述或者明细资料补充，以及对未能在报表中列示项目的说明。"

"财务报表附注具体有些什么内容呢？"徐总问道。

老彭："根据企业会计准则的要求，财务报表附注至少要披露这些内容：企业的基本情况，财务报表编制基础，企业管理层遵循企业会计准则的声明，重要会计政策和会计估计，会计政策和会计估计变更以及差错更正的说明，对报表重要项目的补充说明,或有与承诺事项、资产负债表日后非调整事项、关联方关系及其交易等需要说明的事项,以及其他有助于财务报表使用者评价企业管理资本的目标、政策及程序的信息。"

7. 财务报表之间的关系

"从总体概念来说,财务报表之间是一个什么样的关系呢?"徐总问。

老彭递给徐总一张图:"你看一下这个图(如图 8-3 所示)。

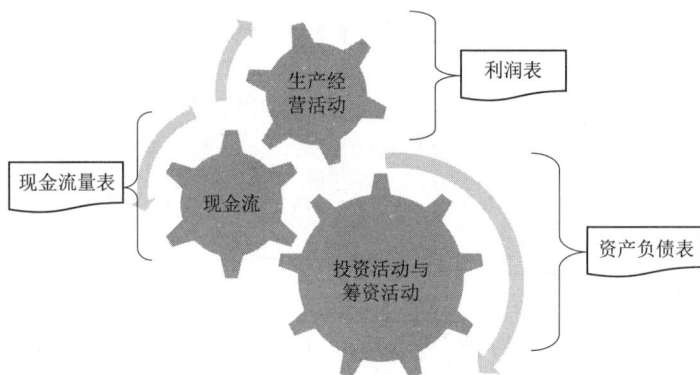

图 8-3　财务报表总体关系

"企业通过筹资活动取得资金,投资于各项生产经营用资产,生产经营活动产生利润,利润再投资产生更多的利润,而现金流在筹资活动、投资活动和经营活动之间起着传递动力的作用。"

"总体概念上的关系我明白了。"徐总道,"那么从具体的数量关系上来说,财务报表是一个什么样的关系呢?"

"是这个图(图 8-4)所示的关系。"说着,老彭又递了一张图给徐总。

"不论利润表还是现金流量表,其实都是对资产负债表的补充说明。利润表解释了生产经营活动中,各种交易或事项引起资产和负债发生变动,进而产生收入和费用。收入与费用的结果净利润经过分配以后,一部分净利润分配给投资者,另外一部分留存在企业,导致资产负债表中所有者权益发生变化。现金流量表解释了资产负债表当中的现金及现金等价物因筹资活动、投资活动和经营活动导致的变化。资产负债表提供存量信息,利润表和现金流量表提供流量信息。"

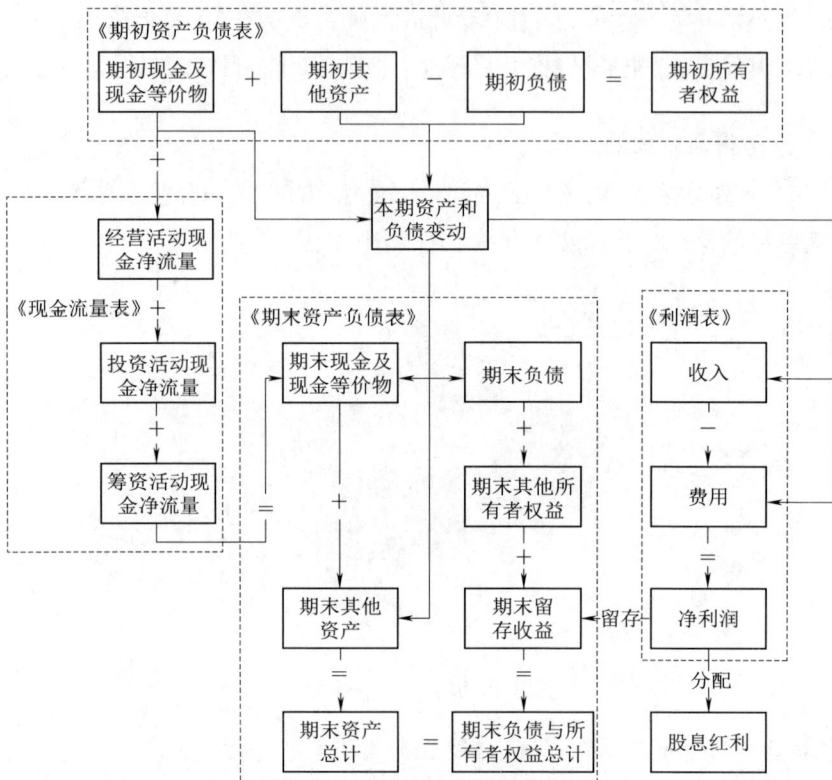

图 8-4　财务报表数量关系

徐总："看来资产负债表是最重要的一张财务报表。"

老彭："虽然资产负债表非常重要，但是财务报表分析不能只分析资产负债表。综合分析一个会计期间的利润表和现金流量表，以及期初、期末两个资产负债表日的资产负债表，比单独分析任何一张财务报表都更能获得有效的信息。

"我给你找了一份国内上市公司的财务报表。我们接下来就以这个公司公开披露的信息为例子，来讲解财务报表的确认、计量和列报以及财务报表分析技术。"

老彭拿出千里马机械供应链股份有限公司（以下简称"千里马公司"）2019年度的财务报表（见表 8-1、表 8-2、表 8-3，表格的数据来源：全国中小企业股份转让系统）递给徐总。

表 8-1 千里马机械供应链股份有限公司 2019 年度合并资产负债表

项　　目	2019 年 12 月 31 日	2019 年 1 月 1 日	项　　目	2019 年 12 月 31 日	2019 年 1 月 1 日
流动资产:			流动负债:		
货币资金	92 259 553.56	103 783 267.68	短期借款	10 000 000.00	10 000 000.00
结算备付金			向中央银行借款		
拆出资金			拆入资金		
交易性金融资产			交易性金融负债		
以公允价值计量且其变动计入当期损益的金融资产			以公允价值计量且其变动计入当期损益的金融负债		
衍生金融资产			衍生金融负债		
应收票据		13 249 305.00	应付票据	30 000 000.00	25 020 000.00
应收账款	445 640 277.63	289 246 868.63	应付账款	514 481 875.97	281 404 938.72
应收款项融资	500 000.00		预收款项	107 257 731.28	126 848 403.36
预付款项	59 784 905.16	26 329 492.77	合同负债		
应收保费			卖出回购金融资产款		
应收分保账款			吸收存款及同业存放		
应收分保合同准备金			代理买卖证券款		
其他应收款	164 463 722.54	271 570 724.83	代理承销证券款		
其中:应收利息			应付职工薪酬	12 590 130.87	21 357 273.72
应收股利			应交税费	42 406 598.38	64 133 955.77
买入返售金融资产			其他应付款	150 872 441.68	157 812 887.02
存货	358 149 948.20	196 018 655.33	其中:应付利息		

续上表

项　　目	2019年12月31日	2019年1月1日
合同资产		
持有待售资产		
一年内到期的非流动资产		
其他流动资产	6 391 717.79	2 204 599.06
流动资产合计	1 127 190 124.88	902 402 913.30
非流动资产：		
发放贷款及垫款		
债权投资		
可供出售金融资产		
其他债权投资		
持有至到期投资		
长期应收款		
长期股权投资		
其他权益工具投资		
其他非流动金融资产		
投资性房地产		
固定资产	94 855 350.84	80 283 366.43
在建工程		
生产性生物资产		
油气资产		

项　　目	2019年12月31日	2019年1月1日
应付股利		
应付手续费及佣金		
应付分保账款		
持有待售负债		
一年内到期的非流动负债		
其他流动负债		
流动负债合计	867 608 778.18	686 577 458.59
非流动负债：		
保险合同准备金		
长期借款		
应付债券		
其中：优先股		
永续债		
租赁负债		
长期应付款	61 477 715.99	
长期应付职工薪酬		
预计负债	3 480 093.36	6 951 475.86
递延收益		
递延所得税负债		
其他非流动负债		

续上表

项 目	2019年12月31日	2019年1月1日
使用权资产		
无形资产	49 161 090.71	25 636 952.56
开发支出		
商誉		
长期待摊费用	5 945 136.55	3 368 359.43
递延所得税资产	49 719 810.45	47 437 279.74
其他非流动资产	35 354 045.14	36 668 641.68
非流动资产合计	235 035 433.69	193 394 599.84
资产总计	1 362 225 558.57	1 095 797 513.14

项 目	2019年12月31日	2019年1月1日
非流动负债合计	64 957 809.35	6 951 475.86
负债合计	932 566 587.53	693 528 934.45
所有者权益(或股东权益):		
股本	109 285 714.00	109 285 714.00
其他权益工具		
其中:优先股		
永续债		
资本公积	73 725 872.63	73 725 872.63
减:库存股		
其他综合收益	−706 566.74	−746 751.01
专项储备		
盈余公积	18 927 384.83	18 927 384.83
一般风险准备		
未分配利润	198 854 593.46	177 392 111.82
归属于母公司所有者权益合计	400 086 998.18	378 584 832.27
少数股东权益	29 571 972.86	23 683 746.42
所有者权益合计	429 658 971.04	402 268 578.69
负债和所有者权益总计	1 362 225 558.57	1 095 797 513.14

表 8-2　千里马机械供应链股份有限公司 2019 年度合并利润表

项　　目	2019 年	2018 年
一、营业总收入	2 806 646 099.12	2 708 631 469.46
其中:营业收入	2 806 646 099.12	2 708 631 469.46
利息收入		
已赚保费		
手续费及佣金收入		
二、营业总成本	2 739 574 527.20	2 586 046 102.58
其中:营业成本	2 433 583 977.81	2 306 247 666.59
利息支出		
手续费及佣金支出		
退保金		
赔付支出净额		
提取保险责任准备金净额		
保单红利支出		
分保费用		
税金及附加	5 943 393.79	8 358 701.42
销售费用	216 916 341.21	193 162 965.17
管理费用	73 312 602.48	71 154 059.97
研发费用	4 241 417.94	4 287 795.97
财务费用	5 576 793.97	2 834 913.46
其中:利息费用	3 842 495.18	921 652.28
利息收入	305 845.37	693 207.99
加:其他收益	1 150 544.39	1 271 711.04
投资收益(损失以"一"号填列)		
其中:对联营企业和合营企业的投资收益		
以摊余成本计量的金融资产终止确认收益(损失以"一"号填列)		
汇兑收益(损失以"一"号填列)		
净敞口套期收益(损失以"一"号填列)		

续上表

项　　目	2019 年	2018 年
公允价值变动收益(损失以"－"号填列)		
信用减值损失(损失以"－"号填列)	－9 194 986.06	
资产减值损失(损失以"－"号填列)	172 099.55	－45 035 073.26
资产处置收益(损失以"－"号填列)	－164 956.36	69 722.51
三、营业利润(亏损以"－"号填列)	59 034 273.44	78 891 727.17
加:营业外收入	3 397 002.91	891 551.68
减:营业外支出	2 465 812.15	4 442 603.71
四、利润总额(亏损总额以"－"号填列)	59 965 464.20	75 340 675.14
减:所得税费用	6 886 184.76	20 902 132.94
五、净利润(净亏损以"－"号填列)	53 079 279.44	54 438 542.20
其中:被合并方在合并前实现的净利润		
(一)按经营持续性分类:		
1. 持续经营净利润(净亏损以"－"号填列)	53 079 279.44	54 438 542.20
2. 终止经营净利润(净亏损以"－"号填列)		
(二)按所有权归属分类:		
1. 少数股东损益(净亏损以"－"号填列)	5 388 226.44	4 893 524.26
2. 归属于母公司所有者的净利润(净亏损以"－"号填列)	47 691 053.00	49 545 017.94
六、其他综合收益的税后净额	39 684.27	－5 779.54
(一)归属于母公司所有者的其他综合收益的	39 684.27	－5 779.54
税后净额		
1. 不能重分类进损益的其他综合收益		
(1)重新计量设定受益计划变动额		
(2)权益法下不能转损益的其他综合收益		
(3)其他权益工具投资公允价值变动		
(4)企业自身信用风险公允价值变动		
(5)其他		
2. 将重分类进损益的其他综合收益	39 684.27	－5 779.54
(1)权益法下可转损益的其他综合收益		

续上表

项　　目	2019 年	2018 年
(2)其他债权投资公允价值变动		
(3)可供出售金融资产公允价值变动损益		
(4)金融资产重分类计入其他综合收益的金额		
(5)持有至到期投资重分类为可供出售金融资产损益		
(6)其他债权投资信用减值准备		
(7)现金流量套期储备		
(8)外币财务报表折算差额	39 684.27	−5 779.54
(9)其他		
(二)归属于少数股东的其他综合收益的税后净额		
七、综合收益总额	53 118 963.71	54 432 762.66
(一)归属于母公司所有者的综合收益总额	47 730 737.27	49 539 238.40
(二)归属于少数股东的综合收益总额	5 388 226.44	4 893 524.26
八、每股收益		
(一)基本每股收益(元/股)	0.44	0.45
(二)稀释每股收益(元/股)		0.45

表 8-3　千里马机械供应链股份有限公司 2019 年度合并现金流量表

项　　目	2019 年	2018 年
一、经营活动产生的现金流量		
销售商品、提供劳务收到的现金	2 874 136 028.18	2 991 249 336.43
客户存款和同业存放款项净增加额		
向中央银行借款净增加额		
收到原保险合同保费取得的现金		
收到再保险业务现金净额		
保户储金及投资款净增加额		

续上表

项　　目	2019 年	2018 年
处置以公允价值计量且其变动计入当期损益的金融资产净增加额		
收取利息、手续费及佣金的现金		
拆入资金净增加额		
回购业务资金净增加额		
代理买卖证券收到的现金净额		
收到的税费返还	619 041.26	
收到其他与经营活动有关的现金	110 030 014.88	13 121 815.42
经营活动现金流入小计	2 984 785 084.32	3 004 371 151.85
购买商品、接受劳务支付的现金	2 573 196 076.86	2 615 588 212.61
客户贷款及垫款净增加额		
存放中央银行和同业款项净增加额		
支付原保险合同赔付款项的现金		
为交易目的而持有的金融资产净增加额		
拆出资金净增加额		
支付利息、手续费及佣金的现金		
支付保单红利的现金		
支付给职工以及为职工支付的现金	150 776 880.39	131 300 055.82
支付的各项税费	53 273 156.94	41 991 401.03
支付其他与经营活动有关的现金	146 421 705.60	172 239 039.50
经营活动现金流出小计	2 923 667 819.79	2 961 118 708.96
经营活动产生的现金流量净额	61 117 264.53	43 252 442.89
二、投资活动产生的现金流量		
收回投资收到的现金		
取得投资收益收到的现金		282 669.52
处置固定资产、无形资产和其他长期资产收回的现金净额	561 545.35	
处置子公司及其他营业单位收到的现金净额		

续上表

项　　目	2019 年	2018 年
收到其他与投资活动有关的现金		
投资活动现金流入小计	561 545.35	282 669.52
购建固定资产、无形资产和其他长期资产支付的现金	46 221 427.08	46 536 831.83
投资支付的现金		
质押贷款净增加额		
取得子公司及其他营业单位支付的现金净额		
支付其他与投资活动有关的现金		
投资活动现金流出小计	46 221 427.08	46 536 831.83
投资活动产生的现金流量净额	−45 659 881.73	−46 254 162.31
三、筹资活动产生的现金流量		
吸收投资收到的现金		
其中:子公司吸收少数股东投资收到的现金		
取得借款收到的现金	11 100 000.00	15 000 000.00
发行债券收到的现金		
收到其他与筹资活动有关的现金		4 180 000.00
筹资活动现金流入小计	11 100 000.00	19 180 000.00
偿还债务支付的现金	11 100 000.00	15 000 000.00
分配股利、利润或偿付利息支付的现金	28 969 838.69	11 850 223.68
其中:子公司支付给少数股东的股利、利润		
支付其他与筹资活动有关的现金		
筹资活动现金流出小计	40 069 838.69	26 850 223.68
筹资活动产生的现金流量净额	−28 969 838.69	−7 670 223.68
四、汇率变动对现金及现金等价物的影响	96 075.65	−5 779.54
五、现金及现金等价物净增加额	−13 416 380.24	−10 677 722.64
加:期初现金及现金等价物余额	84 484 911.63	95 162 634.27
六、期末现金及现金等价物余额	71 068 531.39	84 484 911.63

（注:所有者权益变动表及财务报表附注等其他信息从略）

8. 财务报表分类：个别财务报表与合并财务报表

老彭："我要说明一下，这几张报表并非个别财务报表，而是合并财务报表。"

"什么叫个别财务报表，什么又叫合并财务报表呢？"徐总问道。

老彭："你还记得我前面给你讲解过的会计主体假设吗？"

徐总："记得，会计主体假设确定了会计确认、计量、报告的空间范围。"

老彭："是的。根据财务报表反映的会计主体不同，财务报表分为个别财务报表和合并财务报表。前者是只针对企业自身进行会计核算，在这个基础之上对账簿记录进行整理加工而编制的财务报表。后者是以整个集团（包括母公司和子公司）为会计主体，合并抵消内部交易以后编制的综合性财务报表。"

财务报表确认

1. 财务报表确认

徐总："各种交易和事项是如何记录到财务报表当中的呢？是不是有一个可供遵循的标准过程？"

老彭："是的。这个过程称为会计确认。它是将符合资产、负债、所有者权益、收入、费用定义的项目纳入（记录）到财务报表的过程。会计确认涉及定性和定量两个方面。定性就是要区分类别，定量就是将金额纳入财务报表的一项或多项合计当中。确认涉及用文字和金额在财务报表当中记录。资产、负债、所有者权益在资产负债表当中确认的金额称为'账面价值'。账面价值与账面余额不是一个概念。"

"有什么不同呢？"徐总问道。

老彭："账面价值是账面余额减去各种备抵项目以后的净额，举个例子，千里马公司 2019 年末在建工程的账面余额为 902 363.00 元，但是在资产负债表中确认的在建工程金额为 0。"

徐总："这是为什么?"

老彭："千里马公司在附注中披露:期末在建工程为石家庄 6S 店新建工程项目,该项目无法达到预先设定的使用情况,已经全额计提减值准备。"

"所以扣除了减值准备以后,在建工程金额为 0?"徐总问道。

老彭："是的。所以编制财务报表,并不能理解为照着会计账本抄数字。当然,具体如何编制财务报表,是会计师应该掌握的内容,你不必了解太深入。"

2. 财务报表确认标准

徐总："那么,各种交易和事项该不该确认,是以什么为标准呢?"

老彭："只有符合资产、负债或所有者权益定义的项目,才能在资产负债表中确认。同时,只有符合收入、费用定义的项目,才能在利润表中确认。但是在实务当中,也有在资产负债表中确认不符合资产和负债定义的项目,扭曲财务报表信息,误导财务报表使用者的情况。比如说,有一个案例,广西某公司把自有房屋建筑的不符合资本化条件的装修改良支出,确认为长期待摊费用,在资产负债表中列报。"

徐总："这种装修改良支出不符合资产的定义吗?"

老彭："是的。"

徐总："这个公司为什么要这么做呢?"

老彭："有的企业打着收入与费用配比的幌子,生造出待摊费用和预提费用等资产和负债,实际上是把待摊和预提,当成调节当期利润的手段。尤其是,当实现的利润达不到预期目标,管理层面临考核压力时,往往通过记入待摊费用的方式,把当期费用资本化,以达到调节当期利润的目的。"

"这相当于建了一个蓄水池,想什么时候放水就什么时候放水。如果房屋建筑是自有的,其装修改良支出又符合资本化条件,能不能计入长期待摊费用呢?"徐总问道。

"不能。"老彭摇头。"如果符合资本化条件,应该增加固定资产的账面价值,而不是计入长期待摊费用。明明是苹果树上结的果,何必非得归类为梨子呢。

"我要提醒你,并非所有房屋建筑的装修改良支出都不能资本化,不能计入长期待摊费用。千里马公司的长期待摊费用中就包括房屋建筑的装修改良支出。"

"咦,奇怪了,为什么它就可以?"徐总想知道原因。

老彭:"因为千里马公司计入长期待摊费用的,是经营性租赁房屋建筑的装修改良支出。房屋是租来的,即使支出符合资本化条件,也没有办法增加固定资产账面价值,只好确认为长期待摊费用。"

"你刚才说,财务报表确认涉及定性和定量两个方面。如果符合会计要素的定义,但是不能定量,是不是也不能确认?"徐总问道。

老彭:"这个问题问得非常好。千里马公司就存在这种符合资产的定义,但是不能定量,而没有在财务报表中确认的项目。"

"是什么项目呢?"

老彭:"销售代理权。千里马公司在 2019 年度报告中披露,'工程机械制造商与代理商的合作模式为制造商按照销售区域对整个市场划分,将其中某一销售区域内向最终用户销售产品的经销权,授权给某代理商并配以相应考核指标。代理商作为工程机械制造商,在某一区域的直接销售和服务终端,若代理商或下属分支机构在投资规模、人员配备、销售量、市场占有率、服务质量等方面未能达到制造商所规定的标准,将面临失去代理权的风险。'

"千里马公司只有拥有代理权,才能在持续经营中通过销售工程机械产品、提供相关售后服务不断创造利润,获取现金流量。因此,对一个工程机械代理商而言,代理权可以视同为一项非常重要的无形资产。但是,这项无形资产又没有办法准确计量,所以无法在财务报表中确认。"

"一些企业的自创品牌或者知识产权有类似的性质。"徐总道。

老彭:"这种无法确认入表的资产,没有在财务报表中反映,有时候可能会误导财务报表使用者。我们拿工程机械代理商的代理权来说,工程机械制造商在考虑代理商的短期偿债能力时,如果保守地以代理商所拥有资产的清算价值来评估其短期偿债能力,很可能会夸大自身面临的风险,结局往往是两败俱伤。"

"因为，这种对短期偿债能力的静态评估结果，会低估代理商的短期偿债能力，很可能导致风险误判（风险高估）。进而导致制造商采取非常严厉的信用管理措施，先武断地终止代理商的代理权，然后再加大债权催收力度。"

"相当于先把造血功能废了，再不断抽它的血。"徐总无奈道。

老彭："是的。这种雷霆手段看似果断，实则完全忽视了销售代理权这项无形资产的持续经营价值，尤其是当市场周期正好处在低谷末段，马上就要启动新一轮上升周期的时候，这种做法往往得不偿失。"

3. 财务报表终止确认

徐总："把交易和事项记录到财务报表中，是确认的过程；那么把这些记录结果移出财务报表的过程是什么呢？"

老彭："从财务报表当中移出全部或部分已确认资产、负债的过程，称为终止确认。企业在有关项目不再满足资产、负债的定义时，进行终止确认。对资产的终止确认，通常发生在企业失去对资产的控制时；对负债的终止确认，确常发生在对负债不再承担现时义务时。"

"说到资产的终止确认，我想起一个事儿。"徐总说道。"我以前在酒厂主管销售工作时，各驻外办事处都配有公务用车。厂里效益不好，决定把这些公务用车全部出售。行政部门通过 OA 申请，总经理批准以后，批准书就传给财务部门了。财务部门的一个会计拿着这个批准书就把这些车辆全部终止确认，固定资产账上就没有这些车了。"

"对资产的终止确认通常发生在企业失去对资产的控制时。这些车辆，驻外办事处还在使用，财务部门就终止确认，这是乱弹琴。"老彭生气地说。"《企业会计准则第 4 号——固定资产》明确规定，固定资产要处于处置状态或者预期通过使用或处置不能产生经济利益，才能终止确认。"

4. 收入与费用配比

老彭："由交易或事项引起的资产和负债的确认（或终止确认），可能导致同时确认收入和费用。"

徐总:"我没有懂。"

老彭:"举个例子。比如说,以现金收款方式销售产品,会确认一项资产——现金,同时确认一项收入——销售收入;并且,因为交付了产品,同时也会终止确认一项资产——出售的产品,同时也会确认一项费用——出售产品的销售成本。这种同时确认收入和费用的过程,有时候被视为收入与费用的配比过程。

"我要特别提醒你注意,收入与费用配比并不是财务报表确认过程刻意追求的目标,不能因为收入与费用配比,而确认不符合资产、负债定义的项目。"

财务报表计量

1. 历史成本计量

"你还记得我前面给你讲过的货币计量假设吗?"老彭问徐总道。

徐总点点头:"记得。"

老彭:"以货币形式量化被确认的项目,这要求确定计量基础。计量基础有多种选择,比如历史成本计量、公允价值计量等。

"历史成本计量是利用形成资产、负债的交易或事项的最初交易价格来计量资产与负债。取得或创建资产时,资产的历史成本即为取得或创建此资产时,所发生的成本的价值。包括为取得或创建资产所支付的交易对价加上交易费用。产生或承担负债时,负债的历史成本为产生或承担负债所收取的交易对价减去交易费用。

"历史成本计量最大的优势是真实可靠,它可以通过各种相关文件来验证,比如购货发票。但是它的劣势也非常显著:在资产取得或创建时,市场公允价值与历史成本是一致的,但是随着时间的推移,历史成本有可能越来越与决策不相关。"

"你讲财务信息质量要求时说过，与决策的相关性是判断财务报表信息是否有用的标准之一。"徐总道。

老彭："是的。就算经过调整的历史成本，有时候也与决策不那么相关。"

"什么是经过调整的历史成本呢？"徐总问道。

老彭："有一些资产在生产经营过程中，它的服务潜能逐渐被消耗，随着资产服务潜能消耗，被消耗的部分转化为成本费用。比如，生产设备，通过累计折旧方式来体现这种消耗。生产设备在财务报表上列报的账面价值，就是原始价值扣减累计折旧以后的净额，这就是经过调整的历史成本。"

"那么，为什么历史成本经过调整，仍然可能与决策不相关呢？"徐总接着问道。

老彭："因为这些资产，尤其是非货币性资产的未来经济效益充满了不确定性，其未来现金流量没有办法准确预计。比如，2004 年在成都三环路附近花 40 万元买一个 90 平方米的住宅，如果以历史成本计量，十几年以后的今天，这个住宅的账面价值是 30 万元（假设累计折旧 10 万元），现在你打算出售这个住宅，你会参考这个历史成本计量的账面价值吗？"

2. 公允价值计量

"什么是公允价值计量呢？"徐总问道。

老彭："公允价值是熟悉情况的交易双方，在公平交易中自愿进行资产交换或债务清偿的交易金额。公允价值可以反映市场中所有参与者对未来现金流量金额、时间分布和不确定性的当前预期。"

徐总："那么我可以把公允价值理解为当前市场的交易价格吗？"

老彭："在某一些情况下，公允价值可以通过观察活跃市场中的交易价格直接确定。但在其他一些情况下，公允价值是通过计量技术间接确定的。比如，使用基于现金流量的计量技术来确定。

"公允价值计量可以弥补历史成本计量的劣势。由于反映的是当前情况，因此公允价值与决策更加相关。但是公允价值的可靠性却较差，并且在极端情况下，可能引发意想不到的混乱。尤其是 2008 年发生次贷危机以来,公允价值计量备受质疑。"

"公允价值计量还与次贷危机有关?"徐总以前没有听说过。

老彭:"是啊。按照当时美国的公认会计原则,一些金融资产是以公允价值计量的,美国次贷危机爆发以后,投资者恐慌性抛售金融资产,市场处于无序状态,这个时候市场交易价格已经与金融资产的实际价值严重背离。公允价值计量的唯一参考价格就是处于绝望之中的卖方出清价格。于是,金融资产巨幅减值,价格降低引发新的抛售,新的抛售再引发又一轮价格降低,不断恶性循环。甚至有研究者认为,公允价值计量导致的资产减记是危机爆发的核心影响因素。"

"没有想到一种计量基础还可以引发金融危机。"徐总感慨道。

老彭:"这最终导致美国财务会计准则委员会(FASB)和国际会计准则理事会(IASB)大幅修订与金融工具相关的会计准则。我国财政部紧随其后,也于2017 年修订发布了新的金融工具准则。"

3. 财务报表是一个混合计量系统

"实际上,财务报表是一个混合计量系统。一部分财务报表项目以历史成本计量,而另外一部分财务报表项目以公允价值计量。"老彭道。

徐总:"为什么不选择单一的计量基础呢? 比如说统一采用历史成本计量或者公允价值计量?"

老彭:"大多数情况下,没有办法用单一的计量基础来编制财务报表。因为财务报表信息的相对重要性,取决于使用者如何使用这些信息;而如何使用这些信息,又取决于具体的事实和情况。比如说,证券分析师可能更加关心财务报表信息的决策有用性,倾向于公允价值计量;而你可能更加关心财务报表所展示的经营业绩,以及由此反映的公司管理层受托责任履行情况,倾向于历史成本计量。"

第九章 财务报表分析

老彭说：

财务报表分析有五个步骤：明确目的、设计标准、选择工具、解释信息、得出结论。

分析财务报表可以运用多种方法，比如结构分析、趋势比较分析、因素分析、标杆分析、财务比率分析等。要根据不同的分析目的采用有针对性的分析方法。

可以用财务比率为主要分析工具，搭建起财务报表分析框架，从短期流动性、资本结构、运营效率、获利能力、投资回报等几个方面，综合分析企业的财务状况、经营业绩和现金流量。

杜邦分析体系是一个经典的财务比率分析模型。它以权益净利率为核心财务比率，通过对权益净利率逐层分解，直至最底层财务信息，覆盖企业生产经营活动的各个环节，全面系统地分析财务报表。

财务报表分析有其局限性，不能仅仅以财务报表分析得出的结论，来指导管理决策，还要参考结合其他非财务信息。

财务报表分析步骤

"做了这么多铺垫,我们终于可以开始讲解财务报表分析了。"老彭道。

"基础不牢,地动山摇。你如果一开始就讲财务报表分析,我肯定接受不了,循序渐进是对的,欲速则不达。"徐总道。

于是,老彭先从财务报表分析步骤说起。

"你看这个图(图 9-1)。"说着,老彭将手中的图递给了徐总。

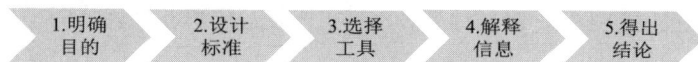

| 1.明确目的 | 2.设计标准 | 3.选择工具 | 4.解释信息 | 5.得出结论 |

图 9-1　财务报表分析步骤

1. 明确目的

"财务报表分析依赖于财务报表使用者的任务与目的,不同的利益关系决定了财务报表使用者在对企业财务报表进行分析时,必然有不同的分析目的和侧重点。事先明确财务报表分析目的,才能集中精力关注与目的相关的财务报表要素和项目。"老彭说道。

"以债权人来说,其目的和侧重点如下:

"债权人的风险和收益不对称。收益是固定的,企业盈利再多,债权人也只能拿走固定利息;一旦企业亏损,债权人却有可能血本无归。所以债权人看待财务报表的视角,往往是从安全性出发。他非常关注企业现有资源以及未来现金流量的可靠性、稳定性。他们通常较为保守,分析目的集中于评价企业控制现金流量的能力和在不确定的生产经营条件下保持稳定财务基础的能力。

"以投资者来说,其目的和侧重点如下:

"所有者权益是剩余索取权,受到企业财务状况、经营业绩、现金流量各个方面的影响。所以投资者不仅关注企业营运能力和盈利能力,也关注资本结构和现金流量的质量。另外,投资者分析财务报表还有另外一个重要的目的,即对经营管理者的受托责任履行情况进行评价。

"企业内部管理者来说,其目的和侧重点如下:

"因为企业面临诸多外部主体的利益诉求,需要协调各方面利益关系,企业内部管理者必须对企业财务状况的所有方面详尽掌握,才能应对这些利益诉求,协调利益关系。财务报表分析,可以让企业内部管理者从企业外部投资者的视角来看待企业内部的问题。同时,通过财务报表分析也能及时发现问题,采取对策,调整资源配置。及时发现财务状况的变化,并对此做出反应,是企业内部管理者运用财务报表分析的最主要目的。另外,企业内部管理者还需要分析财务报表信息,以评价各部门和员工的业绩。制订计划和预算也需要运用财务报表分析。"

2. 设计标准

"第二步设计标准指什么?"徐总问道。

"就是设计与分析目的相一致的具体问题和具体指标。"老彭道。"比如说,你是短期贷款债权人,你在分析债务人的财务报表时,你可能就有这些问题:债务人有还款意愿没有? 他有偿还短期贷款的能力没有? 他预期的资金来源和具体运用是什么?"

"我明白了,可以理解为分析目的具体化。"徐总表示自己理解。

3. 选择工具

"第三步选择工具,这个工具是指什么?"徐总接着问道。

老彭:"工具也就是财务报表分析方法。财务报表分析有多种方法,不同的方法适用于不同的分析目的。没有哪一种方法是包治百病的神药,只有根据目的选择恰当的分析方法,才能得出正确的结论。如果应用财务比率分析,分析工具还指具体的财务比率。比如刚才讲到的,短期贷款债权人的这个例子,他就可以选择与短期偿债能力有关的财务比率。"

4. 解释信息

"第四步解释信息,是不是指透过数字看本质,指出分析结果揭示的问题?"徐总指着图问道。

老彭:"是的。这一步最困难,但也最有意思。财务报表上每一个数字背后都有故事,财务报表分析结果就是串连起故事情节的关键词。有一个比喻,企业就像病人,财务报表就是检验科 B 超医生手里的探头,探头一扫,病灶就能看得一清二楚。财务报表分析报告就要像 B 超检验报告一样才有意思。"

"也只有做到这样,财务报表分析对管理者才有用。"徐总接话道。

"但是在实务中,我看过一些财务报表分析报告,PPT 做得很好看,但却几乎看不到对财务报表信息的深度解读。"老彭道。

5. 得出结论

老彭:"最后一步是得出分析结论,这有点像内科医生拿着 B 超检验报告分析病情、开方子。"

徐总:"其实作为管理者来说,最关心的不是这个表,那个图,而是这些数字和比率说明了什么问题,有什么后果,有没有可供选择的解决方案等。"

"嗯,财务报表分析结论,就应当回应管理者的这些关切。"老彭道。

财务报表分析方法

"你刚才说财务报表分析有多种方法。"徐总继续发问。

老彭:"兵无常势,水无常形,分析财务报表可以运用多种方法,要根据不同的分析目的采用有针对性的分析方法。

"常用的分析方法有：结构分析、趋势比较分析、因素分析、标杆分析、财务比率分析等。"

1. 结构分析

"结构分析法选用财务报表当中的一个总体指标作为比较基准，计算各个组成部分占总体指标的百分比。"老彭道。

"用这种方法可以揭示出各个部分的相对重要性，以及它与总体的相对关系？"徐总依然喜欢发问。

老彭："是的。可以由此分析报表当中各项目的合理性，判断变化趋势。这种方法既可以用于静态结构分析，资产负债表项目结构分析；也可以用于动态结构分析：利润表和现金流量表结构分析。

"我们以资产结构分析为例，用资产总额作为基准，计算各具体资产项目占资产总额的百分比。负债和所有者权益的结构分析也类似。下面这个表（表 9-1）就是千里马公司 2019 年度的资产结构分析结果。

表 9-1　千里马公司 2019 年度资产结构分析表

项目	本期期末		本期期初	
	金额	比重	金额	比重
货币资金	92 259 553.56	6.77%	103 783 267.68	9.47%
应收票据		0.00%	13 249 305.00	1.21%
应收账款	445 640 277.63	32.71%	289 246 868.63	26.40%
应收款项融资	500 000.00	0.04%		0.00%
预付款项	59 784 905.16	4.39%	26 329 492.77	2.40%
其他应收款	164 463 722.54	12.07%	271 570 724.83	24.78%
存货	358 149 948.20	26.29%	196 018 655.33	17.89%
其他流动资产	6 391 717.79	0.47%	2 204 599.06	0.20%
流动资产合计	1 127 190 124.88	82.75%	902 402 913.30	82.35%

项目	本期期末		本期期初	
	金额	比重	金额	比重
固定资产	94 855 350.84	6.96%	80 283 366.43	7.32%
无形资产	49 161 090.71	3.61%	25 636 952.56	2.34%
长期待摊费用	5 945 136.55	0.44%	3 368 359.43	0.31%
递延所得税资产	49 719 810.45	3.65%	47 437 279.74	4.33%
其他非流动资产	35 354 045.14	2.60%	36 668 641.68	3.35%
非流动资产合计	235 035 433.69	17.25%	193 394 599.84	17.65%
资产总计	1 362 225 558.57	100.00%	1 095 797 513.14	100.00%

"我们从资产结构分析表中可以看出，千里马公司资产总额中绝大部分是流动资产，其中主要是应收账款和存货；非流动资产所占比重较小，其中主要是固定资产。"

"看来，使用结构分析可以直观地找出重要项目，抓住关键问题。"徐总道。

老彭："是的，这就可以为进一步分析指明重点方向。针对千里马公司的资产而言，应收账款和存货就是重点方向。"

2. 趋势比较分析

"趋势比较分析是运用多期财务报表数据进行对比，识别增减变动方向、增减绝对金额和增减幅度。这种方法一般用来分析趋势的性质，以及用于预测未来趋势。"

"环比分析是不是就属于这种方法？"徐总问道。

"是的，"老彭点点头。

"环比分析的计算公式如下：

"环比百分比＝（本期数值－前期数值）÷前期数值×100%

"如果前期数值为零，这个方法不能用，那没有数学意义。

"下面这个表（表9-2）是千里马公司的利润表项目环比分析。"

表 9-2　千里马公司利润表项目环比分析

项目	2019 年 金额	2018 年 金额	变动额	环比百分比
营业收入	2 806 646 099.12	2 708 631 469.46	98 014 629.66	3.62%
营业成本	2 433 583 977.81	2 306 247 666.59	127 336 311.22	5.52%
税金及附加	5 943 393.79	8 358 701.42	−2 415 307.63	−28.90%
销售费用	216 916 341.21	193 162 965.17	23 753 376.04	12.30%
管理费用	73 312 602.48	71 154 059.97	2 158 542.51	3.03%
研发费用	4 241 417.94	4 287 795.97	−46 378.03	−1.08%
财务费用	5 576 793.97	2 834 913.46	2 741 880.51	96.72%
其他收益	1 150 544.39	1 271 711.04	−121 166.65	−9.53%
信用减值损失	−9 194 986.06		−9 194 986.06	
资产减值损失	172 099.55	−45 035 073.26	45 207 172.81	−100.38%
资产处置收益	−164 956.36	69 722.51	−234 678.87	−336.59%
营业利润	59 034 273.44	78 891 727.17	−19 857 453.73	−25.17%
营业外收入	3 397 002.91	891 551.68	2 505 451.23	281.02%
营业外支出	2 465 812.15	4 442 603.71	−1 976 791.56	−44.50%
利润总额	59 965 464.20	75 340 675.14	−15 375 210.94	−20.41%
所得税费用	6 886 184.76	20 902 132.94	−14 015 948.18	−67.06%
净利润	53 079 279.44	54 438 542.20	−1 359 262.76	−2.50%

"其中我没有计算信用减值损失项目，因为前期值为零，没有比较意义。从这个表可以看出，营业收入虽然小幅增长，净利润却在下降。从表中初步分析，原因是营业收入增长的幅度小于营业成本增长的幅度，从而导致毛利下降，同时，销售费用增长较多侵蚀营业利润。虽然具体原因还需要结合其他信息进一步分析，但环比数据已经给我们指出了一个重要的分析方向。"

徐总："还要进一步分析营业收入增长幅度小于营业成本增长幅度的原因，和销售费用增长的原因。"徐总说道。

老彭："是的。另外,财务费用增长幅度也很大,也需要进一步分析。"

"如果想看长期变化趋势,也是用环比分析吗?"徐总问道。

老彭："可以用定基分析,也就是选择一个固定的期间作为基期,然后计算各个分析期的值相对于基期值的变动百分比。计算公式为:

"定基百分比＝(分析期值－基期值)÷基期值×100％。"

3. 因素分析

"另外,还有因素分析。"老彭接着道。"也就是依据财务指标与其驱动因素之间的关系,从数量上确定各因素对指标的影响程度,从而分析差异产生原因的一种方法。"

徐总："是要用各因素的比较值去替代基准值吗?"

老彭："是的。通常用实际值来替代预算值或者以前年度值。应用因素分析要注意因素替换顺序,一般来说基本因素在前,从属因素在后。"

4. 标杆分析

老彭："标杆分析是比较分析的一种类型,它选定行业竞争对手数据或者同行业平均水平作为比较基准,用企业财务报表数据与这个基准相比较,以图寻找差距。"

"这个恐怕只适用于上市公司,非上市公司的财务报表信息都是商业机密,很难搞到。"徐总道。

5. 财务比率分析

老彭："应用最普遍的还是财务比率分析。它是运用财务报表中的关联项目进行对比,计算各种财务比率指标,来考查财务报表项目之间的相互关系。财务比率是相对数,排除了规模的影响,具有很好的可比性。"

"大多数企业财务报表分析都会应用财务比率分析。如果不作非常深入的分析,通过计算、分析多个方面的财务比率就可以了解企业财务状况的大概情况。从管理者在实务中应用角度考虑，我个人推荐使用这种方法，以财务比率为主要工具搭建管理者的财务报表分析框架。"

徐总："为什么？"

老彭："因为对管理者来说，重要的事情是通过阅读、分析财务报表，迅速判断企业生产经营的整体情况和企业发展趋势的大方向。"

"也就是说，管理者分析财务报表应该着眼于发现根本性、方向性、趋势性问题。"徐总道。

老彭："是的，不要深陷于各种数据细节。具体的细节性分析可以交给财务部门。管理者学习财务报表分析并不是要代替财务部门的工作。"

以财务比率为主搭建财务报表分析框架

"你刚才推荐以财务比率为主要工具，搭建管理者的财务报表分析框架。那么应该如何搭建这个财务报表分析框架呢？"徐总问。

老彭："财务报表的分析框架，可以理解为分析财务报表的研究侧面，它强调企业财务状况或者经营业绩的不同方面。没有一个普遍适用的分析框架，要量身定做，因为不同的管理者进行财务报表分析的目的不同。"

"请你站在我的角度替我考虑一个分析框架。"徐总道。

老彭："授人以鱼，不如授人以渔。就算我替你搭建一个分析框架，适用这一次的分析目的，也不一定适用下一次的分析目的。这样吧，我给你准备一个工具箱，具体选择什么工具，还是要你自己挑。"

"把所有财务比率讲解一遍？"徐总不由问道。

老彭："没有这个必要。财务报表分析并不是罗列财务比率。我选择重要的来讲解，尽量照顾到分析企业财务状况和经营成果的各个方面。我给你的这个工具箱分为五个模块，即：短期流动性分析、资本结构分析、运营效率分析、获利能力分析、投资回报分析等。"

1. 短期流动性分析——短期偿债能力

老彭："短期流动性分析的是企业偿还短期债务的能力。流动性指的是资产转换为现金或者获取现金的能力。"

徐总："我还记得，你说一年或者一个生产经营周期之内称为短期。那么短期流动性，就是指偿还一年或一个生产经营周期之内到期的债务吧？"

老彭："是的。短期流动性是否充足，可以衡量企业偿还一年或一个生产经营周期之内到期的债务的能力。"

"如果缺乏短期流动性会有什么后果呢？"徐总忙问。

老彭："缺乏短期流动性会带来非常严重的后果，比如，在千里马公司所在的工程机械行业领域，如果代理商不能偿还到期应付账款，很可能导致制造商取消其代理权，有的代理商可能因此而破产清算。"

以下老彭开始了分析短期流动性用到的财务比率的讲解。

（1）营运资本

老彭："我先给你讲一下营运资本。虽然营运资本不是一个财务比率，但是在分析短期流动性时，经常用到这个指标。营运资本是流动资产减去流动负债的差额。当流动资产超过流动负债时，营运资本出现溢余，这时营运资本就是流动性储备，可以用来应付不确定事项的流动性需求。当流动资产小于流动负债时，营运资本出现不足，当不足恶化到一定程度，就会出现流动性危机。"

徐总："那我计算一下千里马公司2019年末的营运资本，根据他们的财务报表，流动资产合计是1 127 190 124.88元，流动负债合计是867 608 778.18元，那么营运资本为 1 127 190 124.88－867 608 778.18＝259 581 346.70 元。这样看来，千里马公司的短期流动性还是比较充足的。"

老彭："但仅仅简单评价营运资本的充足性，财务分析价值有限，当营运资本与其他财务变量联系起来时，用途会更大。举个例子，你看这个表（表9-3）。"

表 9-3　营运资本比较表

项　　目	甲公司	乙公司
流动资产	3 000 000.00	15 000 000.00
流动负债	1 000 000.00	13 000 000.00
营运资本	2 000 000.00	2 000 000.00

"看出点什么没有？请你结合流动负债的规模来看。"过了一会儿，老彭补充道。

徐总："甲公司营运资本多于流动负债，而乙公司的营运资本远远小于流动负债。"

老彭："甲公司和乙公司的营运资本都是 2 000 000.00 元，但是结合流动负债的规模来看就会发现，甲公司的营运资本状况要好得多。"

(2)流动比率

老彭："接下来我们说一下流动比率。

"这个我会计算，流动比率＝流动资产÷流动负债。千里马公司 2019 年末的流动比率为 1 127 190 124.88÷867 608 778.18＝1.30。"说着，徐总计算起来。

老彭："一般来说，流动比率越高，短期流动性越充足，短期负债偿还的安全性越高。债权人是很愿意看到高流动比率的。但是，流动比率高也有副作用。虽然债权人受到保障，但企业的资金运营效益会降低。"

徐总："哦，我明白了，流动比率高说明有比较多的闲置资金没有投入到生产经营活动的周转循环中。"

老彭："是的。另外，流动比率是一个静态指标。它仅仅表示在某一个时点上,流动资产存量和流动负债存量的相对关系。而现实当中,企业资产与负债是随时变动转换的。"

"你的意思是说,期末时点的流动资产和流动负债存量与未来的短期流动性并没有必然的逻辑联系?"徐总问道。

老彭:"是的。未来资金的流入还取决于流动比率之外的诸多因素。因此我们在运用流动比率来分析短期流动性时,一定要明白流动比率是建立在清算基础之上的。而我在前面已经说过,财务报表基本假设之一是持续经营。"

"换句话说,要以发展的眼光看问题。"徐总道。

老彭:"是的。尤其是债权人仅仅以流动比率分析结果,就武断下结论,很可能造成不良后果,比如有的银行在企业经营遇到暂时资金困难时强行抽贷。"

(3)速动比率

"虽然都是流动资产,但是流动性各不相同,全部混合到一起来计算是不是不合理?"徐总问道。

老彭:"你这种担忧是有道理的,所以才会有比流动比率更进一步的速动比率分析。速动比率＝速动资产÷流动负债。"

"速动资产是什么?"徐总问道。

老彭:"存货通常被认为是流动资产当中流动性最差的资产。把存货、预付账款、一年内到期的非流动资产,以及其他流动资产等流动性较差的资产排除以后,余下现金及现金等价物以及各种应收款项,称为速动资产。"

徐总:"那我计算一下千里马公司 2019 年末的速动资产,货币资金为 92 259 553.56元,应收账款为 445 640 277.63 元,两者相加,速动资产合计 537 899 831.19元。"

老彭:"你这个结果是错的,你把应收款项融资项目和其他应收款漏掉了。"

"应收款项融资是什么?"徐总问道。

老彭:"应收款项融资项目,反映资产负债表日以公允价值计量且其变动计入其他综合收益的应收票据和应收账款等。具体到千里马公司来说，就是持有的未到期银行承兑汇票。"

"那加上应收款项融资 500 000.00 元，以及其他应收款 164 463 722.54 元，速动资产为 702 863 553.73 元，那么速动比率为 702 863 553.73÷867 608 778.18＝0.81。"徐总道。

老彭："不同行业的速动比率差别很大，比如说餐饮行业，几乎不存在应收账款，速动比率会比较小；而工程机械行业应收账款就比较大，因此速动比率就可能大一些。"

徐总："从千里马公司的资产负债表上看，速动资产绝大部分都是应收账款。"

老彭："工程机械设备价值比较高，所以大多数工程机械代理商都会采取信用销售模式，因此应收账款比较大是正常的。但是，正因为如此，影响速动比率可信度的关键就是应收账款的变现能力。"

"为什么千里马公司流动比率高，但速动比率低呢？"徐总问道。

老彭："问得好。这是因为大量资金积压到存货上了。期末存货余额比期初上涨了 82.71%。这是一个需要进一步深入分析的方向。比如说，你的公司出现这种情况，你作为管理者就有必要向财务部门提出进一步分析的要求。请他们提供有关于存货积压的更详尽的分析报告。这种分析报告往往需要财务部门联络、协调其他业务部门才能完成。"

(4)与短期流动性相关的其他因素

老彭："我要提醒你，做财务报表分析，眼睛不能只盯住财务报表。除了分析上述几个财务指标以外，还要关注其他一些能够提高短期偿债能力的因素。"

"这些因素可以提供短期流动性吗？"徐总问道。

老彭："是的。但是这些因素可能并不在财务报表上反映。通常来说，有这么两个因素，一是可以动用的银行授信额度。如果企业随时可以向银行借款来增强支付能力,那么它的短期流动性就有一定的保障。但是这个能力在财务报表中是不会反映的。二是可以马上变现的非流动资产。如果企业拥有的一些非经营性的长期资产可以随时出售变现,那么也可以提高其短期偿债能力。比如说,在房价上升周期,拥有闲置的房地产等。

"同样,你也要关注一些没有在财务报表上反映,却可能降低短期偿债能力的因素。例如,对外担保引发或有负债。如果企业大量对外担保,并且被担保方偿债能力堪忧,那么就有可能影响企业自身的短期偿债能力。"

"我看千里马公司 2019 年度的报告中披露:公司对外担保余额为1 169 097 345.51 元,这远远超过其净资产。"徐总道。

老彭:"工程机械代理商要为终端用户的融资向债权人提供担保,如果终端用户出现大面积逾期,是有可能影响到代理商自身的偿债能力的。因此工程机械代理商的信用管理水平要求很高,只是把设备销售出去不算本事,把设备销售出去,还要把钱收得回来,确保不发生大规模逾期信用损失,那才叫本事。"

2. 资本结构分析——长期偿债能力

老彭:"刚才讲的短期流动性分析,是针对短期负债偿还能力的分析。企业负债中并非只有短期负债,因此我们还要以资本结构分析来考查企业的长期偿债能力。"

"什么是资本结构呢?"徐总问道。

老彭:"简单来说,资本结构就是企业负债与所有者权益的相对比例,从资产负债表的右边就可以直观地感受到。你看一下千里马公司的资产负债表,负债总额和所有者权益总额的期末数。"

"千里马公司 2019 年末的负债总额是 932 566 587.53 元,所有者权益总额是 429 658 971.04 元。负债总额是所有者权益总额的 2.17 倍。"徐总道,"为什么要关注这两个财务报表数据呢?"

老彭:"债务融资是有财务风险的资本,要按时支付利息,本金到期必须偿还；而投资者投入的权益资本有永久性，无固定偿还要求，股利分配也不是必需的。企业可以放心地把权益资本投向任何长期资产。因此所有者权益实际上代表了企业财务的稳定性与偿债能力。"

徐总："东海龙宫里面的定海神针。"

老彭："债权人很看重这根定海神针。债权人不仅不喜欢定海神针被孙悟空拿走，反而愿意定海神针多几根——所有者权益规模越大越好。"

（1）资产负债率

"那么反映资本结构的财务比率有哪些呢？"徐总问道。

老彭："最常用的是资产负债率。计算公式为：资产负债率＝负债总额÷资产总额×100％"

"那我算一下，"说着徐总拿起笔，"千里马公司 2019 年末的负债总额是 932 566 587.53元，资产总额是 1 362 225 558.57 元，那么资产负债率就是 932 566 587.53÷1 362 225 558.57×100％＝68％。"

老彭："资产负债率反映形成资产的资本来源中有多大比例是通过债务融资取得的，同时也体现了如果企业立即清算，债权人的保障程度有多大。"

"为什么资产负债率要把流动负债也包括进来？"徐总问道。

老彭："流动负债虽然短期之内要偿还，但是从长期来看是滚动周转的，一定金额的流动负债实际上具有长期负债的特征。比如，千里马公司的应付账款，虽然属于流动负债，但是它 2018 年末和 2019 年末的应付账款余额都至少有上亿元规模，因此千里马公司实际上是在滚动占用上游制造商的资金。这就形成一项长期资本来源。"

"有点类似银行贷款借新还旧。"徐总道。

老彭："负债是把双刃剑，用得好披荆斩棘，用得不好伤身自残。资产负债率高可以利用财务杠杆提高盈利水平，但伴随而来的是高财务风险。财务资本管理就是在风险与收益之间找平衡。"

"有没有一个最佳的资产负债率可供参考借鉴呢?"徐总不禁问道。

老彭:"理论上存在一个最佳资本结构,但是目前还没有人能精确计算出这个数值。我个人觉得计算出来在实务中意义也不大。企业生产经营活动是动态的,因此风险与收益是动态平衡。不同的企业经营环境,需要不同的资本结构。不能一味激进放任财务风险;也不能一味保守,放弃可以利用财务杠杆取得的高收益。作为企业管理者的参谋,财务部门要做到的是:提醒企业管理者风险最大可以承受到什么程度,也就是底线在哪里。当然,这就需要实施大量的分析测算工作。在实务中,企业的目标资本结构通常参考同行业成功企业的经验数据。"

"除了资产负债率,还有其他反映长期偿债能力的财务比率吗?"在听完老彭的解释后,徐总又问道。

(2)产权比率

"还有产权比率。"老彭道。"你刚才计算出来的千里马公司 2019 年末的负债总额,是所有者权益总额的 2.17 倍,这个就是产权比率。

"产权比率=负债总额÷所有者权益总额。

"产权比率实际上反映了每一元权益资本与之配套的负债金额。"

"千里马公司股东每出资一元钱,就有 2.17 元债权人资本与之配套?"徐总挑眉问道。

老彭:"是的。这个财务比率通过负债与所有者权益的比较,来衡量财务风险程度。比率越大,风险越大,长期偿债能力越低。一般来说,资产负债率维持在 60% 以下比较安全,那么就意味着产权比率在 1.5 倍以下比较安全。但是这些经验值不能绝对化,要针对不同的企业具体分析应用。"

(3)权益乘数

"与资产负债率相关的还有权益乘数。"老彭接着说道。"权益乘数=资产总额÷所有者权益总额。"

"权益乘数与资产负债率有什么关系呢?"徐总问道。

老彭："在数量上，权益乘数＝1÷（1－资产负债率）。权益乘数越大，表明所有者投入的资本占资产总额的比重越小，企业负债程度就越高，长期偿债能力就越弱。千里马公司2019年末的权益乘数就是1 362 225 558.57÷429 658 971.04＝3.17。"

（4）利息保障倍数

老彭："以上讲的三个财务比率都是从存量角度来分析的。还有从流量角度分析的财务比率可以反映企业的长期偿债能力。最常用的是利息保障倍数，这要用到利润表中的数据。"

"嗯，你说过，利润表和现金流量表提供的都是流量数据信息。"徐总道。

老彭："利息保障倍数＝（净利润＋利息费用＋所得税费用）÷利息费用。净利润、利息费用与所得税费用三者之和，称为息税前利润。利润表中财务费用项目下面有单独列示利息费用。"

"我看一下啊，"徐总拿起千里马公司的财务报表。"千里马公司2019年的净利润是53 079 279.44元，利息费用是3 842 495.18元，所得税费用是6 886 184.76元，那么利息保障倍数就为（53 079 279.44＋3 842 495.18＋6 886 184.76）÷3 842 495.18＝16.61。"

老彭道："这个计算结果有点问题。"

"什么问题？"徐总抬起头问道。

老彭："被除数中的利息费用没有错，就是指计入当期利润表的财务费用项目的利息费用；但是除数中的利息费用还要包括已经资本化计入长期资产当中的利息费用。另外，我注意到，千里马公司有一部分存货是以融资租赁方式采购的，这也会导致资金利息支出。"

徐总："我在千里马公司2019年度的报告中没有查到计入长期资产中的资本化利息费用的具体数额。"

老彭："不要紧，我们只是以此为例。你只要注意，分析利息保障倍数时不要漏掉即可。"

"为什么要计算这个财务比率呢?"徐总不解。

老彭:"长期债务往往不需要每年偿还本金,却要定期支付利息。利息保障倍数表明,每一元的利息费用,有多少息税前利润作为偿还保障。它可以反映财务风险大小。利息保障倍数越大,利息支付越有保证。所以利息保障倍数可以反映长期偿债能力。"

"嗯,如果利息支付都困难,那么本金偿还就更不要指望了。"徐总表示自己理解了。

老彭:"如果利息保障倍数小于1,说明企业产生的经营收益不能支持现有的债务规模。就算等于1,也比较危险,稍有风吹草动就要塌台,因为息税前利润受到经营风险影响,不稳定,但利息支付却是刚性的。"

3. 运营效率分析

"运营效率比率主要用于衡量企业资产经营能力。一般用各种资产的周转率来反映。"老彭接着道。

"体现运营效率的财务比率主要有哪些呢?"徐总问。

老彭:"常用的有应收账款周转率、存货周转率、总资产周转率等。"

(1)应收账款周转率

"它包含存量数据与流量数据,因为存量数据是时点数,而流量数据是时期数,因此存量数据一般要取期初期末的平均值。

"应收账款周转率=营业收入÷平均应收账款。"

徐总:"我计算一下。千里马公司2019年初的应收账款余额是289 246 868.63元,年末的应收账款余额是445 640 277.63元,平均应收账款为(445 640 277.63+289 246 868.63)÷2=367 443 573.13元。2019年营业收入为2 806 646 099.12元,则应收账款周率为2 806 646 099.12÷367 443 573.13=7.64。"

"不能这样计算。"老彭道。

"为什么呢?"徐总不解地道。

老彭:"因为财务报表上列报的应收账款是扣除了坏账准备以后的净额,而营业收入并不存在扣除,所以要把坏账准备加回来。"

"也就是说,公式中的应收账款是指账面余额,而不是指账面价值?"徐总问道。

"是的。"

"那我重新计算一下。"说着,徐总又拿起笔。"千里马公司2019年度报告的财务报表附注上披露,期初应收账款账面余额是 330 068 469.07 元,期末应收账款账面余额是 492 352 899.63 元,我用这两个数据计算的应收账款平均余额为 411 210 684.35 元,那么应收账款周转率为 6.83。"

老彭:"嗯,应收账款周转率又叫应收账款周转次数,这个计算结果说明,在一年当中,千里马公司投入应收账款上的资金周转了 6.83 次,这个运营效率还是比较高的。我要提醒你,我们计算应收账款平均余额只用了期初和期末两个时点数,这并没有代表性。"

"为什么? 难道说工程机械行业也跟酒类销售一样有季节性?"徐总不明白地说道。

老彭:"你还真说对了。工程机械行业有比较强的季节性,一般3月份至5月份进入一年中的销售旺季,这个时候应收账款余额会有很大增长,所以用年初和年末的数据来计算应收账款平均余额代表性比较差。"

"用12个月的应收账款余额来计算平均数可能代表性要好一些。"徐总道。

老彭:"是要好一些,可是你无法从千里马公司公开披露的资料中查到。"

"我想起来,你前面说过财务报表会忽略企业内部管理者的一些财务信息需求,我现在真正懂了。"徐总说道。

老彭:"嗯,像这个问题,对于企业内部管理者来说就不是问题。他可以直接找财务部门要数据。而对外披露的财务报表不提供这些数据,对企业内部管理者来说,没有任何影响,但对于外部投资者来说,就只能将就使用不太精确的数据。其实就连营业收入数据也是将就着用的。"

"这是为何?"徐总问道。

"你想一想,再怎么运用信用政策促进销售,还是有付现金全款购买工程机械设备的终端用户对不对?"老彭问道。

徐总:"哦,我明白了,全款销售会包括在营业收入里面,却不会包括在应收账款余额里面。"

老彭:"对啊,但是对于外部投资者来说,运用营业收入总额来分析,是没有办法的办法,除非千里马公司自愿披露更详细的分类销售信息。"停顿一下后,老彭接着说道,"我们可以通过应收账款周转次数计算出应收账款周转期。"

徐总:"嗯,这个好理解,一年365天,一年周转6.83次,平均每次就是53天。"

老彭:"应收账款周转期=365÷应收账款周转次数。

"应收账款周转次数越多,说明企业应收账款的周转效率越高,相应地,应收账款周转期越短,即用较少的应收账款资金占用,创造了较多的营业收入。但是评价应收账款周转情况,还要结合其他财务信息,比如,应收账款逾期信用损失情况,才能对企业的应收账款管理能力作出比较恰当的判断。"

(2)存货周转率

"存货周转率与应收账款周转率类似,存货周转率=营业收入(或营业成本)÷平均存货。"老彭接着道。

"为什么分子既可以是营业收入,又可以是营业成本?"徐总不是很明白。

老彭:"这要视分析目的而定。如果为了评估存货的变现能力,要测算存货转化为现金的时间,就要用到营业收入;但是,如果是为了评估存货管理水平,则应当用营业成本。相对来说,用营业成本计算口径才能保持一致。"

"计算平均存货,是不是也要用账面余额数据,而不能用账面价值数据?"徐总问道。

老彭:"如果被除数是营业收入,平均存货要用账面余额数据。因为财务报表列报的存货是扣除了存货跌价准备以后的净额，在计算平均存货时，要把存货跌价准备加回来。"

"我用营业收入来计算一下。"徐总说道。"千里马公司 2019 年初的存货账面余额为 216 659 089.77 元，年末的存货账面余额为 378 618 283.09 元，平均存货是(378 618 283.09＋216 659 089.77)÷2＝297 638 686.43 元，存货周转率就是 2 806 646 099.12÷297 638 686.43＝9.43。"

"存货周转期也跟应收账款周转期算法一样，你再算一下。"老彭道。

"存货周转期为 365÷9.43＝39 天。"徐总按下计算器说道。

老彭："存货周转次数低，意味着存货周转期长；库存较多存货，会积压资金。一般来说，存货周转期不能太长，存货应当尽快销售出去。但是也不能绝对化，存货周转期并不是越短越好。像一些汽车制造商就是因为汽车用芯片库存量太少，供应又跟不上而导致停工，被存货储备较充足的汽车制造商抢占了市场份额。"

(3)总资产周转率

"应收账款周转率和存货周转率都是流动资产的周转效率。从资产运营效率来讲，还要考虑加入长期资产的总资产周转率。总资产周转率＝营业收入÷平均总资产，这个比率可以评估整个资产总额可以支撑起多大的营业收入规模。"老彭接着道。

"那我计算一下。"徐总道。"千里马公司 2019 年初的资产总额是 1 095 797 513.14 元，年末的资产总额是 1 362 225 558.57 元，平均总资产为(1 095 797 513.14＋1 362 225 558.57)÷2＝1 229 011 535.85 元，那么总资产周转率就为 2.28。总资产周转期为 160 天。"

老彭："总资产是由各项资产组成的，因此总资产周转期可以分解为各项资产的周转期之和。"

"那么是不是可以用因素分析法来确定总资产周转期的变化主要是由哪些资产的周转期变化引起的？"徐总问道。

"是的。"老彭点点头。

4. 获利能力分析

"分析获利能力是评估企业管理层是否有效实施企业战略的一种方式。"老彭道。"也就是可以通过获利能力分析,评价管理层受托责任履行情况。从投资者角度来讲,企业获得收益是企业价值增加的重要因素。"

"那么如何分析获利能力呢?"徐总问道。

老彭:"我们从营业收入、毛利、费用率和营业净利率等几个方面来分析。"

(1)营业收入分析

"我们对营业收入的分析主要关注其来源和增长可持续性。"老彭道。

"收入都是来源于销售,具体如何分析呢?"徐总问道。

老彭:"对于一个多元化经营的企业,分析收入来源尤其重要。不同的产品线,不同的细分市场有其不同的成长方式以及产生利润的潜力,因此要以一定的分类标准对收入进行分类,考查其中各类别收入占总收入的比重。你在千里马公司 2019 年度报告中,可以查到不同产品类别的收入来源。"

"我看一下(表 9-4)。"说着,徐总找出摊在桌子上的一张表格。"从不同产品类别的收入来源分析中可以看出来,千里马公司收入来源依赖整机销售,工程机械后市场业务收入(配件及服务以及再制造)比重很小,但增长率较高。"

表 9-4　千里马公司收入来源构成(不同产品类别)

类　别	2019 年		2018 年		本期与上年同期比较的变动率
	收入金额	占营业收入比重	收入金额	占营业收入比重	
整机	2 518 432 924.83	89.73%	2 421 248 518.66	89.39%	4.01%
配件及服务	193 798 727.57	6.90%	164 952 096.92	6.09%	17.49%
再制造	64 755 743.95	2.31%	95 377 182.91	3.52%	−32.11%
其他(房租、保险代理等)	29 658 702.77	1.06%	27 053 670.97	1.00%	9.63%

老彭："我们可以通过关注主要的收入来源,分析营业收入增长的可持续性。以千里马公司为例,因为其收入来源依赖整机销售业务,所以我们通过预测整机销售的市场前景,即可大致评估其下一年营业收入增长的可持续性。"

"除了产品维度以外,是不是还可以用其他的维度?"徐总考虑得总是很全面。

老彭："是的。可以多维度分解营业收入构成,比如按不同细分市场区域、不同客户等。这种分析对于企业内部管理者来说不成问题,可以获得足够的信息。但是,对于外部投资者来说,获取信息却比较困难,因为这些信息关系到企业核心竞争力,实务当中很少有企业愿意详细公开披露。"

(2)毛利分析

"在实务当中,毛利是企业管理者非常关心的一个财务指标。围绕毛利,有毛利额分析、毛利率分析和毛利变动分析。"老彭道。"毛利额是营业收入减去营业成本的差额。毛利率是毛利与营业收入的比值。

毛利额＝营业收入－营业成本;毛利率＝毛利÷营业收入×100％。

"这个表是千里马公司的毛利额和毛利率(表9-5)。"老彭又递给徐总一张表。

表9-5　千里马公司毛利分析

类　　别	2019 年	2018 年	本期与上年同期比较的变动	
			增长额	增长率
营业收入	2 806 646 099.12	2 708 631 469.46	98 014 629.66	3.62％
营业成本	2 433 583 977.81	2 306 247 666.59	127 336 311.22	5.52％
毛利额	373 062 121.31	402 383 802.87	－29 321 681.56	－7.29％
毛利率	13.29％	14.86％		

"营业成本的增长率超过了营业收入的增长率,导致毛利额和毛利率双降。"徐总看后说道。

老彭："毛利分析不能这样简单下结论,一定要结合经营实际过程来考虑。从 2019 年工程机械市场激烈竞争的实际情况来看,原因有可能是:虽然销售量增长,但是销售价格下跌的幅度超过了采购成本的下跌幅度,导致单台设备毛利下降,进而引发总体毛利下降。"

"哦,对了,我注意到千里马公司披露的信息里面有这么一个信息:主营产品销售台量上升 11.6%。"徐总忙道。

老彭:"嗯,我也注意到了,销售量的增长率远远高于营业收入的增长率,所以我分析销售价格下跌幅度可能比较大。"

"我们外部人员只能这样推测,而企业内部管理者却没有这些困扰。"徐总道。

老彭:"由于毛利分析要用到不公开披露的财务信息,比如销售数量、单位销售价格和单位销售成本等,因此毛利分析一般只用于企业内部。当然,如果分析的是你的公司的财务报表,这些具体深入的分析,用不着你操心。你是管理者,你应该向财务部门提出问题,为什么毛利额和毛利率双双下降。请他们给你详尽的答案。"

(3)费用率

"毛利与营业成本相关,除此之外,还有各项费用,因此还要分析各项费用占营业收入的比率,即各项费用率。费用率=费用额÷营业收入×100%。"老彭道,"你可以计算一下千里马公司的销售费用率。"

"我还是列个表吧(表 9-6)。"说着徐总开始了写写画画。

表 9-6　千里马公司销售费用率

类　别	2019 年	2018 年	本期与上年同期比较的变动	
			增长额	增长率
营业收入	2 806 646 099.12	2 708 631 469.46	98 014 629.66	3.62%
销售费用	216 916 341.21	193 162 965.17	23 753 376.04	12.30%
销售费用率	7.73%	7.13%		

"销售费用增长幅度远高于营业收入增长幅度。"徐总得出结论。

"嗯,增长幅度的差异比较大。"老彭补充道。

"通过费用率分析,可以为具体费用分析指明方向,费用分析的最终目标是要搞清楚资源消耗的属性与目的。这就需要详细了解费用的构成。"

"就是要搞清楚钱到底花到哪儿去啦。"徐总附和。

老彭:"还要分析这笔钱该不该花,花得值不值得。光是计算出费用率,没有任何意义。你看千里马公司2019年度报告披露的信息说,销售费用大幅增长是因为'公司加大了市场促销费用、提升了一线销售及服务人员工资所致。'有了这条线索,你可以查阅财务报表附注当中销售费用的构成情况来印证这个说法。"

"我看一下"徐总拿出表格,仔细看了一下。"嗯,2019年度合并利润表的销售费用中的职工薪酬增加了1 600多万元;市场推广费增加了860多万元,与这个披露的内容相符合。"

(4)营业净利率

老彭:"最后,我们还需要考查一下营业净利率,这个财务比率囊括了当期企业生产经营的所有成果与业绩。营业净利率＝净利润÷营业收入×100％。"

徐总:"我列个表计算一下(表9-7)。"

表9-7　千里马公司营业净利率比较表

类　别	2019 年	2018 年	本期与上年同期比较的变动	
			增长额	增长率
营业收入	2 806 646 099.12	2 708 631 469.46	98 014 629.66	3.62％
净利润	53 079 279.44	54 438 542.20	−1 359 262.76	−2.50％
营业净利率	1.89％	2.01％		

老彭:"这个营业净利率综合反映出我们分析过的毛利率与销售费用率的结果。"

"嗯,营业收入增长幅度小于营业成本和销售费用的增长幅度,所以营业净利率也在下降。"徐总点点头。

老彭:"营业净利率越大,企业的获利能力越强。"

5. 投资回报分析

"最后,我们讲一讲投资回报分析。计量投入资本可以有不同的计量指标,这反映出财务报表使用者不同的观点。我们从投资者的视角出发,选择两个计量投入资本的计量指标,一个是反映全部资本来源的总资产;另外一个是反映所有者投入资本的所有者权益。相应的投资回报分析也选择两个财务比率,即总资产净利率和权益净利率。"

（1）总资产净利率

"首先,总资产净利率＝净利润÷平均总资产×100％,它反映一个企业从所有资本中获得的报酬率,这是不区分资本来源的报酬率。"

徐总:"为什么要不区分资本来源来考查报酬率呢?"

老彭:"不考虑资本来源的影响,我们才能把分析集中到评估管理层的经营业绩上来。

"下面计算一下千里马公司的总资产净利率。2019 年净利润是 53 079 279.44 元,期初资产总额为 1 095 797 513.14 元,期末资产总额为 1 362 225 558.57 元,平均资产总额为 1 229 011 535.85 元,总资产净利率为 53 079 279.44 ÷ 1 229 011 535.85×100％＝4.32％。"

"为什么千里马公司的总资产净利率高于营业净利率呢?"徐总问道。

"这说明,虽然千里马公司的营业净利率比较低,但是总资产的周转效率比较高。高资产运营效率弥补了低营业净利率的短板。总资产净利率可以分解为营业净利率与总资产周转率的乘积,即,总资产净利率＝营业净利率×总资产周转率。"老彭道。

"营业净利率为 1.89％,总资产周转率为 2.28,1.89％×2.28＝4.31％,咦,有差异呢?"徐总不解。

"这是计算过程中四舍五入的原因,你把营业净利率代入为 1.891 2％,总资产周转率代入为 2.283 7 就没有差异了。"老彭很有经验。

（2）权益净利率

老彭："第二个财务比率是权益净利率，这才是投资者获得的投资回报率。它才是真正以投资者为中心。

"权益净利率＝净利润÷平均所有者权益×100％。"

"我计算一下千里马公司的权益净利率。"徐总根据老彭的公式计算了起来。"2019年净利润是53 079 279.44元，期初所有者权益总额为402 268 578.69元，期末所有者权益总额为429 658 971.04元，平均所有者权益总额为415 963 774.87元，那么权益净利率为53 079 279.44÷415 963 774.87×100％＝12.76％。"

老彭："权益净利率反映了每一元投资者投入资本所获得的净收益，体现了企业为投资者财富增长的贡献程度。对于投资者来说，这个财务比率越高越好。"

"为什么千里马公司的权益净利率远远高于营业净利率和总资产净利率呢？"徐总问道。

"因为加了杠杆，放大了投资者享有的收益。"老彭解惑。"你还记得我们前面计算的权益乘数吗？权益乘数＝资产总额÷所有者权益总额。"

"这与杠杆有什么关系？"徐总还是不解。

老彭："我前面讲过了，权益乘数越高，意味着企业财务风险越大。所谓财务风险是由于企业采用债务筹集资本，不论有没有经营利润都要偿还固定利息而产生的偿债能力风险。风险是可度量的不确定性，既然是不确定性，就意味着并不一定是损失，也可能是机会。债务融资的利息成本不变，当企业有盈利，并且盈利水平超过利息水平时，随着息税前利润的增加，每一单位息税前利润所负担的固定利息成本就会相对减少，可供投资者分配的部分就会相对增加。这种由于息税前利润的变动引起每单位投资者收益更大程度变动的现象，称为财务杠杆效应。所以增加负债比率，即加大权益乘数，就相当于加大财务杠杆。

"由于我们在计算营业净利率和总资产周转率时，存量数据都是使用的期初与期末的平均数,所以需要先计算一下平均权益乘数,平均权益乘数＝平均总资产÷平均所有者权益,千里马公司的平均权益乘数为 2.954 6(为避免产生计算差异,保留了更多小数位数)。

"虽然千里马公司 2019 年度的营业净利率只有 1.891 2%,但经过了两次放大。第一次是通过提高资产运营效率,以总资产周转率放大投资回报 2.283 7 倍;再通过加财务杠杆,以权益乘数放大投资回报 2.954 6 倍,最终使权益净利率达到 12.76%。这可以看出来,千里马公司的经营管理水平和财务管理水平都是比较高的。"

"那么权益净利率是不是等于营业净利率、总资产周转率和权益乘数三者的乘积?"徐总道。

老彭:"是的。权益净利率＝营业净利率×总资产周转率×权益乘数。著名的杜邦分析体系就可以从这个公式开始,一层一层往下分解的。"

杜邦分析体系

"杜邦分析体系是一套财务比率分析模型,直到 100 多年以后的今天,杜邦分析体系仍然广泛应用于全球许多公司中。"接着上一问题,老彭开始讲杜邦分析体系。

"杜邦分析体系以权益净利率为核心财务比率,权益净利率具有非常好的可比性,可以在不同企业之间比较。并且,权益净利率还有很强的综合性,可以逐层分解,直至最底层财务信息,可以覆盖企业生产经营活动的各个环节,因此杜邦分析体系可以全面系统地评价企业的经营成果和财务状况。"

徐总:"如何分解呢?"

老彭:"我画个图(图 9-2)。

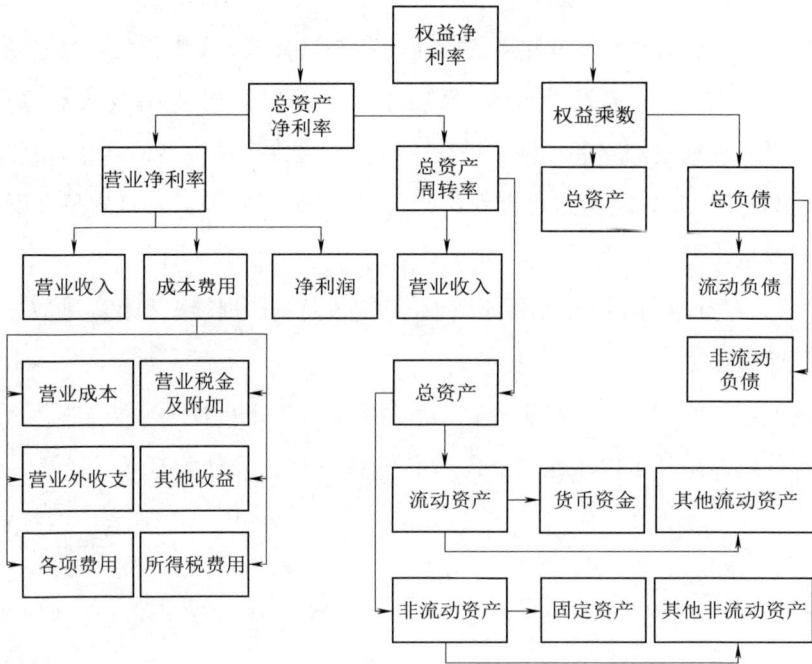

图 9-2　杜邦分析体系

"看到没有,从权益净利率开始,一直可以分解到具体的财务报表项目。并且可以逐层分析。比如说,第二层分解,可以了解企业的财务战略,即通过权益乘数可以了解企业财务风险和财务杠杆高低。"

徐总:"千里马公司选择了高财务杠杆。"

老彭:"又比如说第三层分解,营业净利率和总资产周转率,可以体现企业的经营战略——企业愿意选择低周转高盈利,还是愿意选择低盈利高周转。"

徐总:"千里马公司选择了低盈利高周转。"

老彭:"另外,通过与以往年度的比较,还可以发现变动趋势。总之,分解的目的是识别引起变动的原因,并衡量其重要程度,为后续进一步分析指明方向。"

财务报表分析的局限性

"虽然财务报表分析确实很有用,但是我要特别提醒你,不能仅仅以财务报表分析得出的结论来指导管理决策,还要参考结合其他决策信息。"讲完了财务报表分析方法,老彭开始说其局限性。

"为什么?"徐总问道。

老彭:"财务报表信息描绘的企业情况,远远没有现实的生产经营活动那么丰富多彩。财务报表本身就是对企业财务状况、经营成果、现金流量的高度抽象概括。建立在这个基础之上的财务报表分析一定也是高度抽象概括的。这种静态的描绘,显然不能全部展现动态的企业现实。"

徐总:"那么,我可不可以这样理解,对企业生产经营各个方面的实际情况了解得越深入,财务报表分析的结论才越可靠?"

老彭:"是的。所以你不要指望招聘一个会计,就能短时间内把公司的财务报表分析得透彻。"

徐总:"嗯,了解企业生产经营过程需要实践经验的积累,这需要时间。"

"除此之外,财务报表分析的结论还受到如下这些因素的影响。"老彭开始了讲解。

1. 会计估计的影响

"财务报表是会计系统的工作结果。之前我已经说过,会计确认与计量要运用大量职业判断，对一些存在不确定性的事项运用会计估计。因此，即使企业管理层诚信估计，财务报表仍然是一个存在大量估计值的非精确计量系统。"老彭道。

"那么我还能信任财务报表的分析结果吗？"徐总很担心。

老彭："你不能因噎废食啊，如果财务报表及其附注信息对会计估计进行清晰准确的描述与解释，则使用合理估计并不会有损财务报表信息的有用性。你要注意的是辨别那些披着合理估计外衣的人为偏差，当然，这可能需要更多的专业知识与经验。"

2. 会计专业水平的影响

"另外，财务报表毕竟是会计编制的，会计自身的职业素质、专业水平，在一定程度上决定了财务报表的质量，从而影响财务报表分析的质量。我在实务当中见过太多由于会计专业水平低下导致的财务报表质量问题。尤其是最近几年新的会计准则不断修订发布，一些专业水平长期原地踏步的会计，已经很难跟上节奏。"老彭感叹。

徐总："看来得招个专业水平高的会计。"

"通过第三方培训和专业咨询也是个办法。"老彭不忘支招。

3. 比较基础选择的影响

老彭："还有一个比较基础选择问题。比较基础选择不恰当，分析出来的结果很可能南辕北辙。"

"一般同行业平均数作为比较基础还是有代表性的吧。"徐总问道。

老彭："那不一定。有时候，只选同行业中一个分组的数据，可能比整个行业平均值更具有代表性。另外，以标杆企业为比较基础，也是一种比较好的选择。"

徐总："那趋势分析呢？历史数据作为比较基础应该没有问题吧？"

老彭："历史数据代表过去，并不代表合理性。实际与预算比较也是同样道理,预算并不代表合理性。总而言之,分析财务报表,结论不能简单化、绝对化,要具体问题具体分析。"

"看来财务报表分析的局限性还真不小。"徐总说道。

老彭:"虽然财务报表分析有其局限性,但是至少目前还找不到另外一个更全面、更有效的分析框架来替代它。"

"我作为外行,虽然听你讲了这么多,也学习了不少,但是只算粗通皮毛。简单分析出一个大致情况还行,详细解读,我还是要咨询你这种专业人士。"徐总说心里话。

老彭:"嗯,专业的人干专业的事,符合经济学的比较优势原则。但是呢,你作为投资人和企业经营管理者,掌握一些财务报表分析知识显然是非常有必要的。你如果没有一定基础,就算我给你详细解读,你也没有办法听明白,对不对?"

"确是如此。"

第十章 财务报表审计:第三方对财务报表的合理保证

老彭说:

中国注册会计师协会会员,分为执业注册会计师和非执业会员两大类。执业注册会计师必须在会计师事务所专职执业,不可以兼职执业。

会计师事务所是依法设立并承办注册会计师业务的机构。注册会计师执行业务,必须要加入会计师事务所。

现代审计是以风险为导向的审计。这要求注册会计师在审计过程中,以重大错报风险的识别、评估和应对,作为审计工作的主要线索。

注册会计师为财务报表提供合理保证,而不是绝对保证,经过审计的财务报表并不能百分之百保证没有任何错报。

在取得充分、适当的审计证据的前提下,注册会计师发表审计意见,签署审计报告。

审计报告有几种类型,即无保留意见的审计报告、保留意见的审计报告、否定意见的审计报告和无法表示意见的审计报告。

注册会计师与会计师事务所

春节刚过，徐总就请老彭到他的办公室坐坐。

"老彭，我给你介绍个兼职项目，你愿不愿意做?"徐总还和原来一样，习惯开门见山。

老彭："什么项目啊?"

"给我投资的那个机械设备销售公司出个财务报表审计报告。不是我私人请你帮忙，是公司股东一致同意，请你来审计，付你审计费用。"徐总忙道。

"为什么突然想到要审计财务报表啊?"老彭想知道事情的前因后果。

徐总："是这样，除了我公司还有其他几位股东。有股东认为上一年度销售形势那么好，只有这么一点净利润，不太合理。言下之意，质疑公司财务报表没有如实反映公司的经营成果。阚总就把这一事情提了出来，他也想搞清楚财务部门把账算错没有，于是干脆请个注册会计师来审计财务报表。我明白他的心思，他是公司总经理，代表公司管理层，财务报表有了第三方鉴证，他才能证明管理层履行受托责任是尽了心、尽了力的。"

老彭："原来是这样。所有权和经营权分离就是有这点麻烦，由于信息不对称，存在一个相互信任的问题。看来不管是股东，还是公司管理层，都认为请第三方来审计财务报表是有必要的。"

徐总："所以我就想到了你。我跟其他股东都说过了，他们也同意请你来审计。"

"谢谢你的好意，不过这个项目我做不了，我没有这个资格。"老彭说道。

"你不是注册会计师吗？不用谦虚，我们又不是才认识，你的专业水平我晓得，审计费用按市场价格算，不会让你白干的。"徐总忙道。

"你误会了，不是钱的问题，是我真的没有这个资格，"老彭也赶紧解释，"这个事情你要跟会计师事务所联系。"

1. 非执业会员

"你越说我越糊涂了，难道你那块注册会计师的牌牌是找人整的假证书？"徐总开玩笑道。

"莫乱说，我那是正经努力考出来的。"老彭道，"我说的不够资格是因为我在企业工作，没有在会计师事务所执业，所以申请的是非执业会员。按规定，非执业会员不得以注册会计师名义执行只能由注册会计师执业的法定业务。非执业会员签署的审计报告没有证明效力。我给你出个审计报告，也只是废纸一张。"

"非执业会员？注册会计师还要分门派？"徐总问道。

"哈哈。"老彭被徐总的话逗得直乐。"非执业会员是指取得注册会计师全国统一考试全科合格证书，但并不在会计师事务所执业的人员。非执业会员也要在中国注册会计师协会登记注册，每年要参加省注协开展的继续教育，并考试合格以后，注册资格才保持有效。

"它也是中国注册会计师协会的会员。非执业会员如果想转为执业会员，需要向中国注册会计师协会申请，并且要在会计师事务所从事审计业务工作两年以上，才可以转为执业注册会计师。当然，非执业会员申请成为执业注册会计师不需要再重新参加执业资格考试。"

徐总："我大概明白了，你是因为不在会计师事务所执业，所以这块牌牌只能当作能力和专业水平的证明，要想签完字拿到审计费，还要回到会计师事务所执业才行。"

老彭："差不多是这个意思。目前中国注册会计师协会有一半多的会员都是非执业会员。"

"咦，我原来工作那个酒厂的财务部长从会计师事务所空降来以后就说过，她的注册会计师证书挂靠在原来的会计师事务所，好像是她原来那个会计师事务所的注册会计师人数不够，要用她的证书去凑数。那她为什么不用转为非执业会员呢？"徐总问道。

老彭："执业注册会计师，必须是在会计师事务所专职执业，不可以兼职执业。挂名执业这种做法，违背基本的职业道德，也违背注册会计师相关法规。"

2. 执业注册会计师

"那在会计师事务所执业的注册会计师又是怎么一个概念呢？"徐总问道。

老彭："注册会计师是指取得注册会计师证书并在会计师事务所执业，接受委托从事审计和会计咨询、会计服务业务的人员。通常来说，指的是审计项目的合伙人或项目组成员。注册会计师依法执行审计业务出具的审计报告，具有证明效力。要参加注册会计师全国统一考试成绩合格，并且在会计师事务所从事审计业务工作两年以上，才可以向省、自治区、直辖市注册会计师协会申请注册。申请注册通过，才能成为执业注册会计师。"

"不在会计师事务所专职执业的注册会计师，由所在地的省级注册会计师协会注销注册；注销注册的，可以申请转为注册会计师协会的非执业会员。"

徐总："一般来说，注册会计师可以执行哪些业务呢？"

老彭："按相关法规的规定，注册会计师可以承办这些审计业务：审查企业会计报表，出具审计报告；验证企业资本，出具验资报告；办理企业合并、分立、清算事宜中的审计业务，出具有关的报告等。另外，注册会计师还可以承办会计咨询、会计服务业务。"

3. 会计师事务所

"那你帮个忙，给我介绍一个执业的注册会计师来审计吧。"徐总说道。

"这个忙也没有办法帮你。注册会计师承办业务，要由其所在的会计师事务所统一受理并与委托人签订委托合同。"老彭摊摊手道。

徐总："也就是说，我必须去联系会计师事务所啦？"

老彭："是的。会计师事务所是依法设立并承办注册会计师业务的机构。注册会计师执行业务，必须要加入会计师事务所。"

财务报表审计过程

徐总："那我联系上了会计师事务所，他们的注册会计师来审计，到底是一个怎么样的流程呢？"

老彭："我画个流程图（图 10-1）简单给你说一下财务报表审计过程吧。"

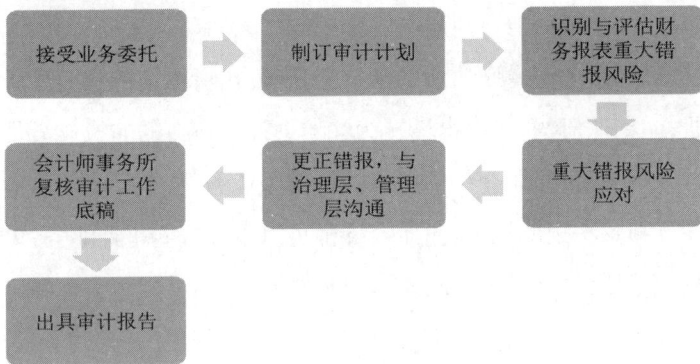

图 10-1　审计流程图

"现代审计是以风险为导向的审计。这要求注册会计师在审计过程中，以重大错报风险的识别、评估和应对作为审计工作的主要线索。审计过程分为几个阶段，你看图上画的几个流程，我们分阶段来说吧。"

1. 接受业务委托

"在接受业务委托阶段，要执行客户接受与保持程序，识别与评估会计师事务所面临的风险。同时还要考虑自身执行业务的能力，比如，是不是存在专业能力不足，是不是可以保持独立性等。"老彭道。

徐总："也就是说，请他来审计，他还不一定愿意来？"

老彭："是的，有会计师事务所主动辞任上市公司审计机构的事情发生。但是，会计师事务所一旦决定接受委托，就会与客户就审计业务相关条款达成一致意见，然后签订《审计业务约定书》。"

"这个《审计业务约定书》会约定些什么内容呢？"徐总问道。

老彭："一般要约定：财务报表审计的目标与范围；注册会计师的责任；被审计单位管理层的责任；编制财务报表所适用的财务报告编制基础等。"

2. 制订审计计划

"制订审计计划阶段是指，在执行具体审计程序以前，注册会计师要根据具体情况，制订合理的审计计划，这实际上关系到成本效益问题。"老彭道。

徐总："花小钱办大事？"

老彭："是的。从注册会计师的角度来说，他一方面希望通过审计程序把审计风险降到最低，另一方面又希望减少审计程序将成本降至最低。风险导向审计就是用来调和这对矛盾的一种审计方法。在审计计划阶段，注册会计师时刻都在这两者之间找平衡。一般来说，审计计划包括总体审计策略和具体审计计划。

"严格来说，审计计划工作，并不是审计业务过程当中一个独立的阶段，而是一个持续的、不断修正的过程，它实际上贯穿整个审计过程的始终。我刚才说过，他时刻都在找平衡，随时都在调整。"

徐总："有点见招拆招的意思。"

老彭："嗯。有点这个意思在里头，这个'招'就是评估识别出来的财务报表重大错报风险。"

3. 识别与评估重大错报风险

"在识别与评估重大错报风险的阶段，注册会计师必须实施风险评估程序，并以此作为评估财务报表重大错报风险的基础。"

"他如何评估呢?"徐总问道。

老彭："这个说起来就复杂了。一般来说，注册会计师要了解被审计单位及其生产经营环境，从而识别和评估财务报表的重大错报风险。其实，风险评估程序，也是一个连续和动态地收集、整理、分析信息的过程，也会贯穿整个审计过程的始终。"

徐总："听你说，好像审计过程不能截然地分出个先后顺序。"

老彭："是有这个感觉。在审计实务当中，并不是必须按照一个固定的先后顺序来实施的。不是如你想象的，按照财务报表项目先后顺序，必须先审计完了货币资金再开始审计应收账款账。它有点像打仗，'集中优势兵力歼灭敌人'，就是说把重要力量都投入到高风险领域。"

4. 重大错报风险应对

"识别评估财务报表重大错报风险本身，并不足以为发表审计意见提供充分、适当的审计证据，因此，还要经过重大错报风险的应对阶段才能下结论。注册会计师在这个阶段要运用大量职业判断，针对报表层次重大错报风险，确定总体应对措施，针对认定层次重大错报风险设计和实施进一步审计程序。这些应对措施可能包括控制测试和实质性程序。总的目的就是在成本可控的前提下，把审计风险降低到可接受水平。

5. 更正错报，与治理层和管理层沟通

老彭："除了执行相关审计程序，收集充分适当的审计证据，注册会计师还要及时将审计过程中发现的所有错报与管理层沟通，并要求管理层更正这些错报。注册会计师还要与治理层进行沟通。"

"万一管理层觉得注册会计师的意见不对，不更正注册会计师识别出来的错报呢？"徐总问道。

老彭："这个是有可能的。我就依据企业会计准则的相关规定否定过注册会计师的初步审计意见。所以要有审计沟通啊，大家摆事实讲道理，最后达成一致意见。"

"注册会计师愿意改变意见？"徐总问道。

"不存在愿意或者不愿意，都是按照企业会计准则来，又不是个人意志。"老彭道。"注册会计师专业水平高不假，但是行业经验没有我丰富啊，我在这个行业干了将近二十年，她来现场一两周就想了解得非常透彻，根本不可能。高水平的会计处理，既要精通企业会计准则，更要了解企业具体业务，二者要能契合。总之，以我的实务经验来说，作为管理层，该据理力争的一定要据理力争，不能注册会计师说什么就是什么。当然，前提条件是你既要有理论水平，还要有行业经验，能够以理服人。

"另外，注册会计师与管理层沟通，还会要求管理层提供书面声明，确认其根据审计业务约定书上的条款，履行了按照适用的财务报告编制基础编制财务报表，并使其实现公允表达的责任。"

"注册会计师为什么还要与治理层沟通？"徐总问道。

老彭："一般来说，注册会计师与治理层沟通的目的是为治理层履行对管理层的监督责任提供有用信息。

"你作为公司治理层成员，我提醒你一句。我在实务当中见识过企业财务部门为了避免承担责任，拿注册会计师当挡箭牌。明明会计处理有错误，财务部门不承认，理由是该年度的财务报表已经过注册会计师审计，注册会计师都没有指

出这属于错报。"

"为什么注册会计师没有指出来？"徐总打破砂锅问到底。

老彭："注册会计师提供的是合理保证，不是绝对保证。经过审计的财务报表也不能百分之百保证没有任何错报。任何注册会计师都不会给你作出这个保证。"

徐总："那我该怎么办？"

老彭："你作为治理层，要多与内部审计沟通，外部审计没有发现的问题，也许内部审计就发现了。"

6. 会计师事务所复核审计工作底稿

审计准则要求会计师事务所内部要有质量控制措施。因此，还要经过审计底稿复核阶段。复核有多级，审计项目组内部复核，审计项目合伙人复核，项目质量控制复核。项目质量控制复核并不减轻项目合伙人的责任，更不能替代项目合伙人的责任，项目质量控制复核人是不能参与具体审计业务的。

7. 出具审计报告

上面这些阶段都完成后，在取得充分、适当的审计证据前提下，注册会计师才会发表审计意见，签署审计报告。审计报告要由两名注册会计师签字，并加盖所属会计师事务所的公章才有效。

审计报告

徐总："那么审计报告一般来说有些什么内容呢？"

老彭："标准审计报告的内容除了标题、收件人、注册会计师和会计师事务所的签章等常规信息以外，还有其他几项主要内容。"

1. 审计意见

老彭："审计报告的内容之一是注册会计师发表的审计意见，审计意见根据审计结论不同有几种意见类型。

"如果获取充分、适当的审计证据后，注册会计师认为财务报表在所有重大方面按照适用的财务报告编制基础编制并实现了公允反映，注册会计师就会出具'无保留意见'的审计报告。

"如果获取充分、适当的审计证据后，注册会计师得出财务报表整体存在重大错报的结论，错报对财务报表产生或可能产生重大影响，但是影响不具有广泛性，注册会计师会出具'保留意见'的审计报告。

"如果获取充分、适当的审计证据后，注册会计师得出财务报表整体存在重大错报的结论，错报对财务报表产生或可能产生重大影响，并且该影响具有广泛性，注册会计师就会出具'否定意见'的审计报告。

"如果注册会计师无法获取充分、适当的审计证据，不能得出财务报表整体不存在重大错报的结论。由于无法获取充分、适当的审计证据而没有发现错报（而它又存在）对财务报表可能产生的影响重大，但是该影响不具有广泛性，注册会计师就会出具'保留意见'的审计报告。

"如果注册会计师无法获取充分、适当的审计证据，不能得出财务报表整体不存在重大错报的结论。由于无法获取充分、适当的审计证据而没有发现错报（而它又存在）对财务报表可能产生的影响重大，并且该影响具有广泛性，注册会计师就会出具'无法表示意见'审计报告。"

2. 形成审计意见的基础

审计报告的另外一项主要内容是形成审计意见的基础。这是对形成审计意见的背景介绍。

注册会计师会主要说明他是按照中国注册会计师审计准则的规定执行了审计工作。并且，按照中国注册会计师职业道德守则的要求与被审计单位保持了独立性，并履行了职业道德方面的其他责任。

3. 被审单位管理层对财务报表的责任

在审计报告中，注册会计师要说明管理层对财务报表的责任。

管理层要负责按照企业会计准则的规定编制财务报表，使其实现公允反映，并设计、执行和维护必要的内部控制，以使财务报表不存在由于舞弊或错误导致的重大错报。管理层还要负责评估企业的持续经营能力，披露与持续经营相关的事项（如果有），并运用持续经营假设为基础编制财务报表。

4. 注册会计师对财务报表审计的责任

在审计报告中，注册会计师还要说明自身对于财务报表审计的责任。

徐总："注册会计师对财务报表审计具体有些什么责任呢？"

老彭："注册会计师的责任包括：在按照审计准则执行审计工作的过程中，运用职业判断，并保持职业怀疑，执行以下工作：

"（1）识别和评估由于舞弊或错误导致的财务报表重大错报风险，设计和实施审计程序以应对这些风险，并获取充分、适当的审计证据，作为发表审计意见的基础。

"（2）了解与审计相关的内部控制，以设计恰当的审计程序。

"（3）评价管理层选用会计政策的恰当性和作出会计估计及相关披露的合理性。

　　"(4)对管理层使用持续经营假设的恰当性得出结论。同时，根据获取的审计证据，就可能导致对某公司持续经营能力产生重大疑虑的事项或情况是否存在重大不确定性得出结论。

　　"(5)评价财务报表的总体列报（包括披露）、结构和内容，并评价财务报表是否公允反映相关交易和事项。"

参考文献

[1] 企业会计准则编审委员会. 企业会计准则及应用指南实务详解[M]. 北京:人民邮电出版社,2020.

[2] 企业会计准则编审委员会. 企业会计准则实务应用精解[M]. 北京:人民邮电出版社,2020.

[3] 中国注册会计师协会. 财务成本管理[M]. 北京:中国财政经济出版社,2020.

[4] 中国注册会计师协会. 会计[M]. 北京:中国财政经济出版社,2020.

[5] 中国注册会计师协会. 审计[M]. 北京:中国财政经济出版社,2020.

[6] 约翰逊,卡普兰. 管理会计兴衰史:相关性的遗失[M]. 金马工作室,译. 北京:清华大学出版社,2004.

[7] 傅家骥,仝允恒. 工业技术经济学[M]. 北京:清华大学出版社,1996.

[8] 张新民,钱爱民. 财务报表分析[M]. 北京:中国人民大学出版社,2019.

[9] 佩因曼. 财务报表分析与证券估值(第5版)[M]. 朱丹,屈腾龙,译. 北京:机械工业出版社,2016.

[10] 马克汉姆. 美国金融史(第六卷):金融危机与大衰退[M]. 金凤伟,等译. 北京:中国金融出版社,2014.

[11] 利特尔顿. 1900年前会计的演进[M]. 宋小明,等译. 上海:立信会计出版社,2014.